Clara
Blues in rosé

Sylvia Knelles

Blues in rosé

I met a nice lady so tender and smart
she looked in my eyes and jumped in my heart.
This kinky sweet lady she kissed so wild
kissed like a woman and laughed like a child.
With you on my side, it will never be cold
and I new so soon together we´re getting old.

I met my sweet lady and I sweare it is true
the only one I ever love will be you, you, you.

So darling come closer, kiss me tender and wild
love me like a woman and hug me like a child.
Embrace me in the moning, caress me in the night,
I only want to have you by my side.
Let me feel your love all over the day
and darling be shure I will ever say.

I met a sweet lady and I swaere it is true
the only one I ever will love is you, you, you.

Impressum:

Clara - Blues in rosé

© Sylvia Knelles
Erste Auflage 1994

Buch-ISBN: 978-3-929925-04-3
© 2013 E-Book-ISBN: 978-3-929925-28-9

Verlag Mysterious Women
Seesrein 6
22459 Hamburg Niendorf

Homepage: www.verlag-mysterious-women.de

Telefon: 040 43188996
E-Mail: red@mysterious-women.com

Autorin: Sylvia Knelles: www.sylvia-knelles.de
Kontakt: sylvia.knelles@hamburg.de
Mobil: 0176 21201911

Herstellung.
Amazon Distribution GmbH, Leipzig

Verlagsprogramm:

Die lesbischen Strandschmöker:

* Sterne über Malibu
* Lust der Nacht
* Sharons dream
* Clara - Blues in rosé
* Tu es in Liebe - „Schlag mich, wenn du mich liebst!"
* Sie sucht Sie - Dienstleistung im Zeichen der Lust

Sachbücher & Ratgeber:

* Die Suche nach der verfluchten Mitte
* Schuldencrashkurs - Weg mit den Schulden
* Leben in der Unterschicht - Tatort Arbeitsmarkt
* Seele in Not - Diagnose Depression - Bipolar 2

Fotobildband mit lyrischen Texten:

* Bäume - Freunde fürs Leben

Reisebücher:

* New York - feel the spirit - step by step
* Wenn der Weg das Ziel ist, wohin geht die Reise dann?

Serie Lebenslinien:

* Buddha auf Sylt - Ein Hauch von Zen

Romane & Krimis:

* Lena au Chômage - das getauschte Leben
* Seelenmörder - Tod eines Kinderschänders

Die Autorin Sylvia Knelles:

Geboren am 04. November 1960 in Mülheim an der Ruhr,
als kleiner Nachtschwärmer im Zeichen des Skorpion,
mit Aszendent Krebs.

Aufgewachsen im Ruhrpott, im Schwabenland,
in Accra / Ghana, in Lagos / Nigeria
und im Rheinland.

Sie lebt, liebt und arbeitet seit November 1979
in der Hansestadt Hamburg,
wenn sie nicht gerade mit dem Motorrad unterwegs ist.

Die Homepage zu Filmprojekt:

www.clara-und-sophie.de

Titelsong:

gesungen von Steffi List:

http://www.youtube.com/watch?v=Q-TY-JKH284

Clara - Blues in rosé

„Das habe ich gerne, ich maloche wie wild und die beiden
schmusen rum."

Hinter mir meldete sich Anna zu Wort:

„Ich würde auch lieber poussieren."

Ich drehte mich um und nahm Anna in den Arm. Küsste
sie auf den Mund. Maurice stellte die Kiste auf den Boden.
„Und wer küsst mich?"

Mike zog Maurice an sich. Da standen wir nun, die Vier
aus der „Villa rosa", wie Mike unser Haus immer nannte.
Anna schubste mich liebevoll von sich.

„Maurice und Mike bringen schnell die Getränke in den
Garten und Dani und ich kümmern um uns um einen kleinen Imbiss. Also, nun mal keine Müdigkeit vortäuschen."

Ich sah zu Mike und Maurice. Auch die verdrehten in ge-
spieltem Entsetzen die Augen. Anna sah uns entgeistert
an. Schüttelte den Kopf.

„Ach, ihr nun wieder."

Maurice sah zu Mike, dann zu mir. Dann zu Anna.

„Sklaventreiberin."

Anna lachte laut los.

„Wieso, ihr bekommt sogar gut zu essen, worüber beklagt
ihr euch? Und nun an die Arbeit."

Mit diesen Worten verschwand sie im Haus. Wir machten

uns an die Arbeit. Kurze Zeit später saßen wir alle vier beim Frühstück. Den ganzen Tag wirbelten wir gemeinsam. Abends fielen wir völlig erschöpft ins Bett. Die große Feier konnte beginnen.

Früh am nächsten Morgen riss uns die Haustürglocke aus den schönen Träumen. Anna schälte sich unwillig aus der Decke. Ich verkroch mich schnellstmöglich wieder unter meiner Decke. Aber ich hatte keine Chance. Anna schnappte sich meine Decke und schubste mich aus dem Bett. Bevor sie nicht im Bad war und sich zurechtgemacht hatte, würde sie nicht an die Tür gehen. Es klingelte wieder.

„Los Dani, geh schon."

Ich gab ihr einen Kuss und trollte mich. Mike und Maurice ließen sich nicht blicken. Die hatten die Klingel doch auch gehört. Ich brüllte ein „Guten Morgen, ihr Drückeberger" in den Flur. Ich konnte die beiden lachen hören. Ich sauste die Treppe runter, öffnete die Tür. Annas Eltern. Ich fuhr mir durch mein zerzaustes, kurzes Haar. Dann nahm ich Annas Mutter die Blumen aus der Hand. Ihr Vater kam schnaufend mit einem Koffer den Weg zum Haus herauf. Ich neckte ihn.

„Willst du hier einziehen?"

Er lachte.

„Na, das fehlte mir noch auf meine alten Tage."

Ich mochte Annas Eltern. Anna war ihrer Mutter sehr ähnlich. Die gleichen wachen Augen, die schlanke Gestalt. Auch ihre Mutter strich sich oft eine Locke aus dem Gesicht. Es war schon verblüffend, wie ähnlich sich Anna und ihre Mutter waren. Ihr Vater war etwas kleiner als ihre

Mutter. Er war ein sehr quirliger und lebendiger Mensch. Wir hatten immer eine Menge Spaß mit ihm. Anna und er waren wie Katz und Maus. Sie ärgerte ihn immer, weil er am liebsten Karohosen anzog. Dazu ein Poloshirt und fertig. Ami nannte sie ihn immer.

Er sah mich an.

„Wo ist denn meine Prinzessin?"

„Die ist schnell ins Bad geflüchtet."

„Restauriert sie sich dort?"

Anna polterte die Stufen herunter. Flog ihm in die Arme. Vor Schreck ließ er den Koffer fallen, fing sie auf.

„Na, meine Große, heute so stürmisch. Gibt's Taschengeld?"

Ich sah die beiden fragend an. Er klärte mich auf.

„Früher war sie immer sehr stürmisch und liebevoll, meistens am Ersten, wenn es Taschengeld gab."

Anna zog eine Schnute. Er griff nach dem Koffer und eng umschlungen gingen die beiden an uns vorbei ins Haus. Annas Mutter und ich gingen nach oben. Wir hatten ihnen für das Wochenende das Gästezimmer hergerichtet. Maurice und Mike kamen auch langsam in die Hufe. Ich hörte sie in der Küche klappern. Kaffeeduft zog durchs Haus. Für Annas Mutter und mich ein Wink mit dem Zaunpfahl. Ich steckte meinen Kopf aus dem Fenster und rief Anna und ihren Vater zum Frühstück. Annas Eltern dachten am Anfang, dass wir hier als Wohngemeinschaft leben, dann hielten sie uns für zwei Paare. Mich und Mike, Anna und Maurice. Irgendwann hatten sie gemerkt, dass Anna und ich, Maurice und Mike zusammenlebten. Wir amüsierten uns oft darüber.

Nach dem Frühstück verschwanden Anna und ihr Vater im Garten, um sich den letzten Vorbereitungen zu widmen. Maurice und Mike hatten die dankbare Aufgabe, oben für genügend Schlafgelegenheiten zu sorgen. Anschließend schmückten sie das Haus mit bunten Girlanden und hängten im Garten die Lichterketten auf. Annas Mutter und ich tummelten uns derweil in der Küche. Wir waren ein eingespieltes Team. Anna konnte bis heute nicht kochen und schaffte in der Küche immer mehr Unordnung, als sie helfen konnte. Nach und nach trudelten auch die anderen Gäste ein. Immer, wenn es klingelte, schrie es aus allen Ecken des Hauses: Daniela! Das galt dann mir. Mike und Anna nannten mich immer Dani, aber wenn sie Daniela riefen, klang das sehr bedrohlich nach Arbeit oder Unheil. Endlich waren alle eingetrudelt. Mandy und Antje, die besten Freundinnen von Anna, Peter und Ursel, die wir auf einer Feier bei Maurice kennengelernt hatten, Claudia und Carolin, mit denen ich mich in meinen wilden Jahren auf der Szene getummelt hatte. Meist nannten wir die beiden nur CC.

Sandra, meine Busenfreundin und Patricia, die Anna und ich vor Jahren im Urlaub kennengelernt hatten. Clemens und Daniel hatten wir durch Maurice und Mike kennengelernt. So standen wir alle vierzehn, bewaffnet mit Teller und Besteck am Grill und warteten auf die ersten Würstchen.

Es gab Bier vom Fass. Annas Vater schenkte Bier aus, Mike grillte, Annas Mutter und ich brachten die Salate nach draußen. Sicherheitshalber hatten wir zwei große Schirme aufgestellt. Heute Morgen waren dunkle Wolken aufgezogen. Wir hatten bisher Glück mit dem Wetter. Die Wolken verzogen sich langsam. Später, als es frischer wurde, gingen wir uns ins Haus und saßen gemütlich zusammen.

Clemens Blick blieb auf einem großen Bilderrahmen hängen. Er sah Anna an.

„Wer sind die beiden?"

Anna folgte seinem Blick. Ihr Blick wurde immer ein wenig melancholisch, wenn sie die Fotos betrachtete.

„Das sind Clara und Sophie."

Annas Vater sah mich an.

„Wolltest du uns nicht heute von Clara und Sophie erzählen?"

Ja, das wollte ich. Ich hatte in den letzten Jahren ein Tagebuch geschrieben. Bruchstücke der gemeinsamen Jahre mit Anna und natürlich mit Clara und Sophie. Mikes Videoaufzeichnungen aus diesen vier Jahren mit Clara und Sophie hatten die Erinnerung immer wach gehalten. Wir wurden oft auf die beiden angesprochen und so hatte ich meine Aufzeichnungen mit Hilfe von Anna, Mike und Maurice nach und nach ergänzt. Ich stand auf und holte meine Aufzeichnungen. Ich setzte mich in den Schaukelstuhl, in Claras Schaukelstuhl, und öffnete das Buch. Die anderen setzten sich in eine gemütliche Runde und ich begann zu erzählen:

„Als ich Clara begegnete, war ich dreiundzwanzig und führte eigentlich ein ganz normales Leben. Wie so viele. Ich war seit Monaten arbeitslos und hielt mich mit Gelegenheitsjobs gerade so über Wasser. Jeden Monat jonglierte ich aufs Neue mit den paar Mark, die ich bekam. Es reichte nicht vorne und nicht hinten, aber das hielt ich für keinen unnormalen Zustand. Ich kannte es ja nicht anders, es war auch keine Änderung in Sicht, worüber also sollte ich mich aufregen?

Mein Käfer war wieder mal stehen geblieben, weil meine damalige Freundin vergessen hatte zu tanken. Ich musste zu Fuß zur nächsten Tankstelle gehen, um dort für meine restlichen fünf Mark Benzin zu tanken. Auch das brachte mich nur ins Schwitzen. Unabänderlichkeiten nahm ich meist gelassen hin.

Wir stritten in der letzten Zeit fast nur noch, und da ich bei ihr wohnte, machte das meine Situation nicht gerade besser. Meist stritten wir um Geld, oder besser um das, was wir nicht hatten. Sie hatte einen sehr schlecht bezahlten Job, ich gar keinen. Sie war ständig unzufrieden, ich versuchte indes wenigstens, das Beste aus meiner Situation zu machen. Ich hielt meine Arbeitslosigkeit für einen vorübergehenden Zustand, sie für ein glattes Versagen meinerseits. Nicht gerade aufmunternd für mich. So lebten wir zusammen, oder besser gesagt nebeneinander her, und jede von uns wartete darauf, dass die andere aussprach, was wir beide längst insgeheim wussten. Unsere gemeinsame Zeit war vorbei.

So kam ich dann viel später als geplant zur Jobvermittlung vom Arbeitsamt. Irgendwie war das immer wieder trostlos. Zigarettenqualm hing in der Luft, verschwitzte Gestalte saßen im Vorraum und warteten darauf, dass sie an die Reihe kamen. Jeder musterte jeden. Jeder Zehnte war derzeit in Hamburg arbeitslos. Wir schwammen zwar im selben Boot, waren aber auch erbitterte Konkurrenten. Es gab immer nur eine Hand voll Jobs und die interessanten waren meist schnell vergeben. Ich schummelte mich da seit Monaten irgendwie durch. Ich hatte mich in jede Kartei eingeschrieben, jeder Berufszweig war mir recht.

Eine ganz eigene Stimmung lag in der Luft. Jeden Morgen

kamen hier eine Hand voll Leute her, voller Hoffnung, die
sich aber meist jäh zerschlug. Wenn jemand das Vermitt-
lungszimmer wieder verließ, sprach sein Gesicht Bände.
Monoton klickte das Zählwerk, gebannt starrte man darauf, als wolle man das Zählwerk hypnotisieren, eine
Glückszahl anzuzeigen.

Die Tür würde aufgehen, eine nette Dame hinter dem
Schreibtisch würde einen lukrativen Job vermitteln und das
Leben bekäme neuen Auftrieb.

Auch ich hatte mir eine Nummer gezogen, die letzten beiden Male war ich vergeblich hier gewesen. Aller guten
Dinge waren drei. Viele Jobs wurden nur an Männer vergeben. Da konnte man nichts machen. Meine Hände ro-
chen noch nach Benzin. Ich dachte an die Parkuhr, die ich
im Zuge meiner Sparmaßnahmen nicht gefüttert hatte. Der
Gong, das Zählwerk klapperte, ich war an der Reihe.

Kurze Zeit später stand ich wieder vor der Tür, nichts. Ich
ging in den anderen Warteraum, um mir dort eine Nummer zu ziehen. Ich hatte mich in alle drei Karteien eintra-
gen lassen. Mal vermittelte man mich im kaufmännischen,
mal im gewerblichen, mal im sozialen Bereich. Also rutsch-
te ich auf den nächsten Plastikstuhl und wartete auf eine
Vermittlung im sozialen Bereich. So hatte ich wieder eine
Menge Zeit, über meine Situation nachzudenken. Den letzten Job hatte man mir nicht vermittelt, weil ich keiner Kir-
che angehörte. Ob man dann besser arbeitet?

Die Luft war zum Schneiden. Die Fenster ließen sich nicht
öffnen, vielleicht hatten sie Angst, dass man sonst hinunter
hüpft. Verlockend war es an manchen Tagen schon. Ich
griff nach einer herumliegenden Zeitung, die jemand acht-
los weggeworfen hatte. Die Wochenendausgabe der letzten
Woche. Ich blätterte im Journal, als mir der Leserbrief ins
Auge fiel. Ich fand mich in dem Brief wieder, und ich den-

ke viele der Betroffenen in ähnlicher Situation auch. So vertrieb ich mir die Zeit mit dem Lesen des Artikels, den ein Lehrer ans Journal geschrieben hatte:

Stammnummer 59 xx 59 - ein letzter Rest von Stolz.

Die Tränen sprachen ihre eigene Sprache, aber unter ihnen blitzte eine Art von Triumph, die Unbeteiligten mit Sicherheit verborgen blieb. Es war eine kleine Art von Sieg, nur ein ganz, ganz kleiner, aber es war der Sieg überhaupt. Der Triumph über alles, was den Stolz je gebrochen hatte.

Der Schein lag auf dem Tisch, Regenwasser hinterließ seine Spuren. Wer arbeiten will, der findet auch welche! Es hatte genagt, sich hineingefressen in sein Herz, mit jedem Schritt klang es mit, als verhöhne diese Stimme ihn. Es hämmerte sich mit jedem Weckerklingeln in seine Seele. Zuerst war es der Trotz, der ihn aufrecht hielt. Man wird es schon schaffen. Dann kamen sie, nett, freundlich, aber bestimmt. Es tut uns leid, wir haben für jemanden wie sie keine Verwendung. Leider haben wir zurzeit keine Möglichkeit, sie nach ihren Fähigkeiten bei uns einzusetzen. Mal zu jung, mal zu alt. Irgendwann war seine Hoffnung aufgebraucht. Er wollte ja, aber mit jedem Misserfolg starb ein Stückchen mehr von dem Mann, der einst so froh und optimistisch war.

Auch auf dem Arbeitsamt konnte man ihn nicht vermitteln. Die Unterstützung kam alle zwei Wochen. Mit der ersten Hälfte zahlte er die Miete und den Strom, mit der zweiten Zahlung war das Geld durch ausstehende Forderungen aufgebraucht. Er hatte noch fünfzig Mark. Er ging die Straße entlang, sah in die bunten Schaufenster, aber nur ganz kurz. Bloß nichts entdecken, was gefallen könnte. Die Sonne schien, aber er bemerkte es nicht mehr. Die Augen wurden mit der Zeit blind und das Herz taub. Die Welt schien sich an ihm vorbeizudrehen.

Er raffte sich wieder auf, kaufte noch einmal ein: Briefumschläge, die Tageszeitung, Briefmarken. Innerlich fror er, zu Hause auch. Aber die Heizung ließ er aus, was, wenn er nachzahlen sollte? Er stellte sich den Wecker, jeden Morgen aufs Neue. Doch jeden Tag wurden seine Schritte schwerer, schleppender. Jeden Morgen ging er zum Briefkasten, zögernd hob sich sein Blick. Großer Umschlag, Absage? Er hatte längst aufgehört zu zählen. Die Kopien, die so voller Hoffnung in den Umschlag gewandert waren, waren zerknickt. Aber selbst das machte ihm nichts mehr aus.

Er war innerlich fast erfroren. Ein Freund kam ab und an zu Besuch. Viele waren ihm nicht mehr geblieben.

Wieder einmal endloses Warten auf den kargen Fluren des Arbeitsamtes. Stillsitzen in der Reihe der vielen Hoffnungslosen. Sie sind länger als ein halbes Jahr arbeitslos? Der Sachbearbeiter zuckte die Schultern. „Da kann ich eigentlich nicht mehr viel für sie machen. Nicht in ihrem Alter." Er war doch erst dreißig. Müdes Lächeln seinerseits. Er erhob sich langsam, bedankte sich auch noch. Wofür? Der stolze Gang von einst war verloren gegangen auf der endlosen Suche. Seine Füße trugen ihn den langen Weg nach Hause.

Am nächsten Morgen war er wieder unterwegs zu seinem Sachbearbeiter. Vielleicht würde er ihm lästig werden. Müde ließ er sich wieder auf dem Stuhl von gestern nieder. Er hatte Zeit. Viel Zeit. Er schien auch nicht zu stören, der Betrieb ging lautlos weiter. Auf dem Weg hatte er eine Zeitung von heute gefunden. Geld gespart. Sein Magen knurrte. Kaffee aus dem Automaten vertrug er schon lange nicht mehr, seit das Frühstück ausfiel.

Dieses Spiel trieb er nun tagelang, jeden Tag aufs Neue sprach er vor. Der Vermittler schien ziemlich genervt. Man bot ihm eine Umschulung an. Ein paar Monate runter von der Straße, ein paar Monate wieder raus aus der Mutlosigkeit. Er nahm an. Langsam bekamen seine Tage wieder einen Sinn. Er kaufte sich ein altes, klappriges Fahrrad und fuhr jeden Tag den Weg zur Schule.

Bald war Weihnachten, aber für ihn nicht. Er schämte sich, wollte nirgendwo zu Besuch. Wollte keine Geschenke haben. Er konnte auch nichts schenken. In der Schule hatte es Zeugnisse gegeben. So richtig freuen konnte sich keiner. Noch zwei Monate, und dann?

Die meisten von ihnen würden dann wieder auf der Straße landen. Trotz allem feierten sie in der Schule ein bisschen. Die, die verheiratet waren, hatten Kekse gebacken.

Irgendjemand legte hundert Mark aus. Zu Weihnachten sollte es Sekt für alle geben. Eine Mitschülerin machte sich auf den Weg zum Kiosk. Nach kurzer Zeit kam die Klassenkameradin völlig aufgelöst zurück. Sie hatte das Geld verloren. Gerade sie hatte er noch nie leiden können. Sie hatten alle kein Geld und nun auch das noch! Sie fühlte sich mies. Was die anderen nun dachten? Sie lebte alleine mit ihrem Sohn, hundert Mark waren viel Geld. Bald war Weihnachten.

Er wollte das nicht denken. Er schnappte sich seine Jacke und ging hinaus in den Regen. Hundert Mark waren viel Geld, bald war Weihnachten. Er ging durch den Schneeregen den Weg zum Kiosk. Wenn sie das Geld verloren hatte, musste es auch zu finden sein.

Er sah sich um, die Straße war menschenleer. Er zog die Jacke noch höher. Autos jagten vorbei, ein Stück Zeitung wurde aufgewirbelt und wehte an seinen Füßen vorbei. Natürlich, der Wind! Er ging den Weg zurück, in die andere Richtung musste er suchen. Da, zusammengefaltet klebte der Schein am Kantstein. Er bückte sich und noch während er sich wieder aufrichtete, ließ er seinen Blick schweifen. Schob ihn mit der Hand unauffällig in die Tasche. Niemand hatte ihn gesehen. Er schlenderte langsam zurück und der Schein brannte in seiner Hand. Weihnachten, Tannenbaum, Geschenke, all dies schoss ihm durch den Kopf.

In der Klasse hatten sie mittlerweile gesammelt, um den Hunderter zu ersetzen. Fünfundsechzig lagen schon auf dem Teller. Alle sahen ihn erwartungsvoll an. Er ging an der Reihe vorbei, schob sich langsam zu seinem Platz. Vorbei an der Mitschülerin, die er noch nie hatte leiden können. Die nun, in Tränen aufgelöst, an ihrem Platz saß. Sie sah nicht auf, glaubte zu wissen, was hier alle dachten. Er sah in Richtung Tannenbaum, seine Blicke trafen die seines Lieblingslehrers. Dieser sah ihn aufmunternd an.

Er zog den zerknitterten Schein aus der Tasche und faltete ihn bedächtig auseinander, legte ihn auf den Tisch. „Frohe Weihnachten" hörte er sich selbst sagen. „Von dir hätte ich das nicht gedacht", sagte sie. „Ich weiß" sagte er und lächelte. Der Lehrer meldete sich zu Wort. „Es ist wohl im Sinne aller, was ich jetzt tue." Er schob den Teller mit den fünfundsechzig Mark vor ihn auf den Tisch. Frohe Weihnachten. Hilfe suchend sah er sich um, mit Glück konnte er nicht mehr umgehen. Die Tränen sprachen ihre eigene Sprache und unter den Tränen blitzte eine Art von Triumph, die Unbeteiligten mit Sicherheit verborgen blieb.

Die Tür ging auf, eine freundliche Stimme rief meine Nummer. Ich hatte gepennt. Ich legte die Zeitung nachdenklich wieder auf den Tisch und sauste schnell los. Gleich darauf saß ich erwartungsvoll auf dem nächsten Plastikstuhl. Die Sachbearbeiterin zückte meine Karte, stöberte in Karteikarten, zwischendurch telefonierte sie. Doch, man fühlte sich gleich gut betreut! Was sollte sie auch machen, sie konnte nur vermitteln, was sie anzubieten hatte und das war meist nicht viel.

Ich schob verlegen meine ölverschmierten Hände unter den Tisch. Genervt beendete sie ihr Telefonat, während ich die Karos des PVC-Bodens musterte. Ich hatte im Lauf der letzten Monate sicher jedes einzelne Karo begrüßt. Die Vermittlerin räusperte sich. Sollte sie etwa? Sie vervollständigte die Vermittlungskarte und sah mich an. Taxierte mich förmlich. Wohl war mir in meiner Haut nicht gerade. Durchhalten schalt ich mich, ich brauch einen Job und das möglichst noch heute.

Das Einzige, was sie mir anbieten könne, sei die private Betreuung einer alten Dame, die im Sterben liege. Also kein Job von langer Dauer, aber wenigstens erst einmal eine kleine Chance. Sie versuchte säuselnd, mir den Job schmackhaft zu machen, eine Tatsache, die mich äußerst misstrauisch machte. Zweimal hatte sie ihn schon vermittelt, die Vermittlung sei dann aber nicht zustande gekommen. Sämtliche Alarmglocken schellten. Als ich die Höhe des Gehaltes erfuhr, beschloss ich, die Alarmglocken einfach nicht zu hören. Ich sagte zu, mich heute noch vorzustellen und mich anschließend wieder zu melden.

Pfeifend sauste ich die Treppe runter, im Dauerlauf zum Parkplatz. Kein Strafmandat. Ich ballte die Fäuste und schrie ein lautes „Yeah" in den Himmel. Das entsetzte Gesicht der Passanten sah ich nicht. Ich blinzelte nach oben in die Sonne. Na, dann wollte ich mal. Zuerst sollte ich mich bei einem Herrn Clausen in Blankenese melden, der mich in meine Arbeit einweisen wollte. Blankenese. Hoffentlich wohnte die alte Dame nicht auch dort, Blankenese als Schickimickigegend war wohl für jemanden wie mich nicht gerade die richtige Gegend, um sich wohl zu fühlen. Aber egal, ich hatte einen Job, alles andere zählte jetzt erst einmal nicht.

Herr Clausen wohnte nicht schlecht. Bewundernd schnalzte ich mit der Zunge. Edel, edel. Meinen alten, rostigen Käfer parkte ich um die Ecke, ich wollte den neuen Job ja nicht gleich wieder verlieren. Weißer Kies knirschte unter meinen Schuhen, als ich auf den Eingang zuging. Neben mir im Gebüsch summte eine Überwachungskamera, die jede meiner Bewegungen verfolgte. Ich ging ein paar Mal vor und zurück, die Kamera folgte mir. Ich fand das zu lustig.

Wie viel Angst musste man haben, seinen Wohlstand wieder zu verlieren, wenn man solche Dinge brauchte, um sich wohl zu fühlen? Mit jedem Schritt wurde ich ein wenig kleiner. Ich klingelte und wurde von einer Haushälterin ins Büro von Herrn Clausen gebracht. Ich hätte mich totlachen können. Ich hier!

Herr Clausen entpuppte sich als Vermögensverwalter, oder so etwas in der Art, der pflegebedürftigen Dame. Recht überheblich musterte er mich, dann fertigte er mich kühl und gleichgültig ab. Er erklärte mir, dass es bei dem Job um die Rund-um-die-Uhr-Betreuung einer alten Dame ging. Er sähe es auch gerne, wenn ich im Hause wohnen könnte, bis sich eine zweite Pflegekraft finden würde. Mein Geld bekäme ich wöchentlich per Scheck und es wäre ihm recht, wenn ich mich auch um die Haushaltsführung ein wenig kümmern würde. Geld spiele keine große Rolle.

Ich sagte ihm, dass ich bereit wäre, die Ganzzeitpflege zu übernehmen. Das schien ihm nur recht zu sein. Er drückte mir einen Schlüssel in die Hand, fünf Hunderter für die nötigsten Besorgungen, einen Scheck und einen Ordner. Wünschte mir viel Erfolg und schon war ich wieder entlassen.

Die Haushälterin begleitete mich zur Tür und geräuschvoll fiel die Tür hinter mir schwer ins Schloss. Fassungslos sah ich mich noch einmal um. Kopfschüttelnd verließ ich diesen seltsamen Ort. Das würde ich mir nun erst einmal in aller Ruhe ansehen.

Ich fuhr nach Altona, um in Ruhe Mittag zu essen. Ich war reich. Fühlte mich reich. Die Scheine knisterten in meiner Hosentasche. Fünf Blaue. Ich wusste gar nicht mehr so recht, wie die aussahen. Ich musterte den Scheck und musste laut loslachen. Seltsame Blicke trafen mich. Ich hatte jetzt ein Dach über dem Kopf. Zumindest, solange die alte Dame noch am Leben war. Ich hatte einen Scheck für eine Woche über zwei Gehälter. Könnte das von der Bank so misstrauisch beäugte Dauerminus glätten und hätte zum ersten Mal seit vielen Monaten ein Plus auf dem Konto, zwar bescheiden, aber ein guter Anfang. Ich nahm den Ordner und blätterte darin. Krankenberichte, ein paar wichtige Rufnummern, sonst nichts. Vorne war die Anschrift mit Kuli drauf gekritzelt. Man schien die alte Dame ja richtig zu lieben. Nun, mir konnte es egal sein.

Ich zahlte, rief beim Arbeitsamt an und sagte den Job zu. Die Vermittlerin vom Arbeitsamt schien erleichtert zu sein. Dann fuhr ich zu meiner Bank, bevor ich meinen Gnubbel, wie ich meinen Käfer liebevoll nannte, bis zum Rand volltankte. Dann machte ich mich auf den Weg nach Tonndorf, wo die alte Dame wohnen sollte.

Kleine Reihenhäuser, gepflegte Vorgärten, ganz anders als in Altona, wo ich wohnte. Altona war laut, lebendig, so voller Trubel. Alle Nationalitäten lebten dort bunt zusammengewürfelt. Kneipen, Restaurants, kleine Ladengeschäfte, viele alternative Projekte. Hier draußen wurde es mit jedem Kilometer weitläufiger. Fast keine Geschäfte, richtig leblos schien es hier zu sein. Bestimmt lugte man hier verstohlen hinter dem Vorhang, schnitt jede Woche gewissenhaft den Rasen. Ich bog in den Sonnenauredder und hielt vor der Nummer sieben.

Das Haus wirkte unbewohnt, der Rasen wuchs wild, die Blumenbeete wirkten ungepflegt, die Klappläden waren geschlossen. Die Garagenzufahrt war zugewachsen, Werbung hing aus dem Briefkasten. Auf dem Weg zum Haus sammelte ich ein Wochenblatt auf, es war schon ein paar Wochen alt. Ich sah auf das Namensschild. Ich hatte mich nicht geirrt. Nebenan bewegte sich leicht ein Vorhang, ha, ich hatte es gewusst.

Ein Mann ging vorbei, sprach mit seinem Hund, der mich laut kläffend mit Aufmerksamkeit überschüttete. Misstrauisch wurde ich gemustert. Dann schüttelte er den Kopf und ging mit schnellen Schritten weiter.

Ich klingelte, es tat sich nichts. Ich klopfte. Nichts. Ich sah noch einmal auf die Hausnummer. Ich war richtig. Ich ging ums Haus herum, aber überall waren die Läden verschlossen, nur im ersten Stock stand ein Fenster gekippt. Ich rief mehrfach laut, aber es tat sich nichts. Auch hinter dem Haus war der Garten ungepflegt, die Terrasse mit Moos überwuchert. Von Gartenarbeit hatte Herr Clausen nichts gesagt.

Nun rief jemand aus dem Vorgarten. Eine freundliche Dame nestelte an ihrer geblümten Küchenschürze. Sie deutete nach nebenan. Aha, die Dame hinter dem Vorhang aus dem Nachbarhaus.

„Entschuldigen Sie, suchen Sie jemanden?"

„Nicht so richtig, ich möchte zu Frau Bernstorf."

„Na, das wird ja auch mal Zeit, dass sich jemand kümmert. Die arme, alte Dame. Wir haben ja auch schon auf dem Amt angerufen und die wollten sich kümmern. Es hat sich aber dann wieder wochenlang nichts getan. Was soll man da machen?"

Der Mann mit dem Hund war wohl auf dem Rückweg und kam auf uns zu. Böse sah er mich an.

„Na haben Sie es nun endlich geschafft? Der alten Dame ihr Haus zu klauen, dass Sie sich nicht schämen!"

Sprachlos sah ich ihn an. Er ignorierte mich nun und ging entschlossen weiter. Ich dachte an den Scheck. Fühlte mich gleich ein wenig getröstet.

„Sie müssen ihm das nicht verdenken, wir denken hier alle so darüber."

Ich trat den Rückzug an.

„Einen schönen Tag noch."

Ich holte einmal tief Luft, angelte den Schlüssel aus der Tasche und öffnete die Tür. Ein fürchterlicher Gestank schlug mir entgegen. Ekel überkam mich. Pfui deibel. Der Fußboden war mit Müll übersät. Vorsichtig schob ich ihn ein wenig beiseite. Alte Zeitschriften, Werbematerial. Ich suchte den Lichtschalter, um mir diese Katastrophe im ganzen Ausmaß anzuschauen. Was war denn hier passiert? Ich ging durch die anderen Räume. Sie sahen völlig unbewohnbar aus, Dreck, wohin ich sah. Kleidungsstücke, alte Zeitschriften. Die Blumen in den Töpfen waren vergammelt. Von der alten Dame keine Spur. Ich japste nach Luft, ich musste erst einmal raus. Schwerfällig bewegte sich die Terrassentür.

Das musste ein schlechter Traum sein. Es schüttelte mich förmlich, wenn ich an die Küche dachte, alte Essensreste, völlig verdreckte Töpfe. Die ganze Küche war unbrauchbar. Ich war ja auch nicht gerade ordentlich, aber so etwas hätte ich mir in meinen kühnsten Träumen nicht vorstellen können. Ich riss alle Fenster auf und bahnte mir dann einen Weg durch das Gerümpel in die obere Etage. Ein Blick ins Bad. Seifenreste, angeschimmelte Handtücher. Was war das hier, ein Gruselschloss?

Im Flur stand eine offene Tüte voller alter Windeln. Angeekelt drückte ich die Tüte zu. Ich konnte förmlich fühlen, wie kleine Pickel in meinem Gesicht entstanden. Morgen würde ich schrecklich aussehen. Wie ein Streuselkuchen. Drei Zimmer, die auch nicht besser aussahen. Wie konnte man ein Haus so verkommen lassen? Ich verstand das nicht. Das Arbeitszimmer war leer bis auf einen alten Sekretär, einen Schrank und einen umgekippten Stuhl. Ordner lagen verstreut herum, zerknülltes Papier war auf dem Boden verteilt. Ich öffnete das Fenster und schnappte noch einmal Luft.

Ein Zimmer hatte ich noch vor mir, und ich ahnte Schlimmes. Unten hatte ich nun vier Zimmer, eine verdreckte Gästetoilette und eine katastrophale Küche zu Gesicht bekommen, im oberen Stockwerk ein Bad, das Arbeitszimmer und drei weitere. In meinen kühnsten Vorstellungen hatte ich mir so etwas nicht vorstellen können. Ich war entsetzt.

Vorsichtig öffnete ich die Tür. Obwohl das Fenster gekippt stand, konnte ich kaum atmen. Ich schloss die Augen und öffnete sie wieder, in der stillen Hoffnung, es sei alles nur ein Traum gewesen. Nein, es war kein Albtraum. Es war brutale Wirklichkeit.

Links im Zimmer stand ein Kleiderschrank mit geöffneten Türen, Kleidungsstücke lagen verstreut davor. Gleich neben der Tür türmten sich Medikamente über Medikamente auf einem kleinen Holztisch. In der rechten Ecke stand ein altes, hölzernes Bett. Meine Oma hatte auch mal so eines, mit Sprungfedern, auf denen wir früher immer herum sprangen, wenn wir sie besuchten.

Mit dem Gesicht zur Wand, verdeckt von einer schweren
Daunendecke, lag eine alte Frau. Ich ging auf sie zu, bestia-
lischer Gestank schlug mir entgegen. Ich sprach sie an,
aber sie reagierte nicht. Als ich sie vorsichtig an der Schul-
ter fasste, verkroch sie sich weiter unter der Decke. Sie
flüsterte ganz leise. Ich beugte mich näher, um sie zu verstehen. Ein kaum vernehmbares „Sophie" kam über ihre
Lippen. Dann verstummte sie wieder, ohne auch nur die
Augen geöffnet zu haben. Ich war fassungslos.

Zuerst brauchte ich einen Arzt und das ganz schnell. Ein
Telefon klingelte. Ich lauschte, es kam von unten. Ich
kämpfte mich durch das Gerümpel nach unten und suchte
unter dem Müll nach dem Telefon. Irgendwie erstaunte es
mich, dass es funktionierte. Es schien das einzige Lebendi-
ge in diesem Haus zu sein. Herr Clausen war am Apparat,
sicher wollte er wissen, ob ich schon tot umgefallen sei.

Ich berichtete ihm, was ich hier vorgefunden habe, aber es
schien ihm ziemlich gleichgültig zu sein. Er hatte ja sein
reines Gewissen mit einem großzügigen Scheck beruhigt.
Ich fragte ihn nach einem Arzt, er wusste darüber auch
nicht Bescheid, bat mich um Diskretion, sicherte mir aber
in Anbetracht der heiklen Lage einen zusätzlichen Haus-
haltsetat zu. Dann überließ er mich meinem Schicksal.

Ich würde erst einmal ein paar Dinge organisieren, der Zustand der alten Dame konnte sich ja kaum noch ver-
schlechtern. Ich rief meinen Hausarzt an, der mich schon
seit meinen Kindertagen betreute, und bat ihn um einen
Hausbesuch. Er sagte für den frühen Abend zu. Dann rief
ich meine Freundin an und schilderte ihr die Ereignisse des
Tages.

Ich würde mich im Büro erst einmal provisorisch einrich-
ten, dann würden wir weitersehen. Eine Bekannte, die sich
mit Putzjobs ihre Haushaltskasse aufbesserte, konnte ich

für einen Wucherstundenlohn überreden, mir zu helfen. Dann rief ich bei Mike in der Taxizentrale an und bat dort, ihm auszurichten, wenn er in der Nähe sei, möge er bitte eine Tour bei mir annehmen. Ich hinterließ die Adresse und kurze Zeit später stand Mike vor der Tür.

Ich warnte ihn, bevor er das Haus betrat, aber welche Warnung hätte für das, was er nun sehen würde, ausgereicht? Blankes Entsetzen stand in seinem Gesicht. Ich nahm ihn mit nach oben ins Büro und wir stellten einen Einkaufszettel zusammen.

Als Mike gegangen war, stand ich noch eine ganze Weile völlig betroffen am Bett von Frau Bernstorf. Das also war Clara, Clara Bernstorf.

Die Ereignisse der nächsten Tage überschlugen sich. Mit Hilfe von Mike hatte ich das Büro im ersten Stock mit einer Liege zu meinem Schlafzimmer umfunktioniert. Frau Schöller putzte und schrubbte nun schon seit Tagen, arbeitete sich von einem Zimmer zum nächsten vor. Ich hatte noch einen Bonus oben drauflegen müssen, aber das war mir egal. Nach einer Woche kam langsam so etwas wie Wohnlichkeit auf.

Man konnte unschwer erkennen, dass es mal eine liebevolle Hand gewesen war, die dieses Haus eingerichtet hatte. Dr. Petters kam nun zweimal am Tag zu Frau Bernstorf, um sich ihrer anzunehmen. Später erzählte er mir einmal, dass dies leider kein Einzelfall sei. In seinem Beruf wurde er öfter mit solch vernachlässigten Menschen konfrontiert. Frau Bernstorf war in einem erbarmungswürdigen Zustand und völlig unterernährt.

Meist lag sie nur apathisch in ihren Kissen oder rollte sich verängstigt unter der Decke zusammen. Sie hatte auf dem Rücken und auf dem Po offene Stellen, musste verrückt geworden sein vor Schmerzen. Ich versorgte die Wunden drei Mal am Tag und zwei Mal in der Nacht, wechselte möglichst häufig die Windeln. Wie ein zitternder kleiner Vogel ließ sie alles mit sich geschehen. Nur manchmal krallten sich ihre Finger in die Decke und dann flüsterte sie leise „Sophie".

Das Essen verweigerte sie immer noch, obwohl sie die Lippen nicht mehr so wütend zusammenbiss. So musste sie die Tortouren überstehen, wenn sie Infusionen bekam. Solange die Infusion lief, musste ich an ihrem Bett sitzen, weil sie immer wieder versuchte, diesen Störenfried aus ihrem Arm zu entfernen. Nachdem das Haus sauber war, fing ich an, die Schränke aufzuräumen, die Wäsche nach und nach zu waschen. Den Garten wollte ich mir zum Schluss vornehmen. Herr Clausen hatte mir eine Mikrowelle zugesagt, die auch umgehend geliefert wurde.

Heute hatte mir Dr. Petters Astronautennahrung für Frau Bernstorf mitgebracht, aber sie ließ nicht mit sich reden. Behielt wie immer die Augen geschlossen, verzog den Mund in dem faltigen Gesicht zu einem scharfen Strich, ballte die kleinen Fäuste und tat so ihren Unwillen kund. Ich musste lachen. Wie ein bockiges Kind. Ich nannte sie in Gedanken immer Clara. Frau Bernstorf passte irgendwie nicht zu ihr. Wie konnte ein so kleines Persönchen so bockig sein? Ich hatte neue Bettwäsche gekauft, eine Matratze, ein sündhaft teures Parfum. Ich wollte nicht glauben, dass sie mir so einfach wegsterben sollte. So rebellisch, wie sie war? Wer solch ein Gruselhaus überstanden hatte, der musste einfach kämpfen wollen.

Morgen sollte die Sperrmüllabfuhr kommen, ich hatte mit Mike und Frau Schöller alle Teppiche herausgerissen. Das Haus sah nun ganz anders aus, der helle Parkettboden ließ die Räume freundlich wirken. Die alte Anrichte im Wohnzimmer hatte ich poliert, neue Blumen eingetopft und die

Gardinen strahlten auch in neuem Glanz. Der Fernseher funktionierte auch wieder, und so beschloss ich, Frau Bernstorf nach unten umzuquartieren. Ich wollte mich dem Garten widmen und so hatte ich sie besser im Auge.

Ich fragte mich schon so manches Mal, warum ich das alles tat, aber ich kam um vor Langeweile. Mike kam ab und an vorbei, ich bestellte Essen vom Chinesen oder vom Griechen um die Ecke und wir schlemmten.

Ich erzählte ihm von meiner Idee, Frau Bernstorf umzuquartieren. Er fand die Idee toll, und wir verabredeten uns für das Wochenende. Die Taxifahrerei war für ihn ziemlich nervig, weil er viel für sein Studium machen musste, und so bot ich ihm an, jedes zweite Wochenende Frau Bernstorf zu beaufsichtigen, damit ich mal raus und unter Leute kam.

Ich bekam pünktlich jede Woche meinen Scheck für zwei volle Arbeitskräfte und fühlte mich ziemlich reich. Herr Clausen ließ sich nicht blicken. Ich hätte nur zu gerne gewusst, welche Rolle er hier spielte. Am Samstag war es soweit. Wir trugen Frau Bernstorf die Treppe herunter, mit missmutigem Gesicht ließ sie es geschehen. Sie machte kein Auge auf. Wir legten sie auf die Couch und begannen, das schwere Bett die Treppe herunter zu wuchten. Was, um alles in der Welt, hatten wir uns nur dabei gedacht?

Alle Knochen taten mir weh. Ich hatte heute schließlich meinen freien Abend. Nach Wochen. Ich konnte es gar nicht erwarten. Wir schoben das Bett ans Wohnzimmerfenster und betteten Frau Bernstorf um. Jetzt, wo Frau Bernstorf unten im Wohnzimmer lag, konnten wir im Garten wurschteln, fernsehen, telefonieren, ohne immer wieder unterbrechen zu müssen.

Aber meistens hatte sie sich nicht einmal bewegt. Regungslos lag sie in ihren Kissen, meist unverändert. Sie lag jetzt zwar schon manchmal auf dem Rücken, aber sie bewegte sich nur selten. Ihre offenen Stellen heilten langsam, aber sie heilten. Nachdem wir sie zu Bett gebracht hatten, sauste ich ins Bad.

Nun nichts wie ab unter die Dusche, dann würde ich die beiden ihrem Schicksal überlassen. Ich fuhr zum Kiez in die Frauendiskothek und tanzte bis in die frühen Morgenstunden.

Es dämmerte schon, als ich wieder zurückkam. Leise schloss ich die Tür auf. Der Fernseher flimmerte noch, Mike lag auf der Couch, sein Buch noch in der Hand. Seine 1,98 auf der Couch zusammengekrümmt. Er hatte sich nie richtig verändert, seit unserer stürmischen Affäre vor Jahren. Aber irgendwie hatten wir beide damals das Gefühl, das mit uns, das war es nicht. Dann hatten wir beide unser „Coming-out". Wir amüsierten uns immer wieder darüber. Aber vielleicht musste das alles so sein. Mike hatte angefangen, Jura zu studieren, jobbte nebenher in Kneipen und als Taxifahrer. Er trug immer Jeans und T-Shirt, dazu seine alte abgewetzte Lederjacke, seinen Dreitagebart und war meistens mit seiner Videokamera bewaffnet.

Er dokumentierte alles und jeden und verschenkte die Videos zu Geburtstagen, nicht ohne sie vorher zu kommentieren. Seine Kommentare waren göttlich. Einmal in der Woche ging er zum Fechten, und ich war froh, nie sein Gegner zu sein. Ich sah ihn noch eine Weile an, wie er da so friedlich lag. Irgendwie hatte ich nie aufgehört, ihn zu lieben.

Er war meine Familie. Er war wie ich, eine streunende Katze. Nach meinem „Coming-out" hatte das ohnehin schlechte Verhältnis zu meiner Familie die Kälte eines Eisblocks angenommen. Mike war in mehreren Kinderheimen aufgewachsen, hatte nie gelernt, Vertrauen zu fassen. Er verließ sich nur auf sich selbst. Vielleicht hatte er daher auch seine Liebe zu Jura entdeckt.

Ich machte den Fernseher aus, sah noch einmal nach Frau Bernstorf, wechselte ihr die Windeln und den Verband und schlich nach oben. Dann kroch ich auf mein Klappbett und war Sekunden später eingeschlafen.

Die Sonne schien auf mein Gesicht und weckte mich. Ich blinzelte müde und missmutig. Ausgeschlafen war ich ja nicht gerade. Ich drehte mich wieder um. Mike hatte heute auch noch Dienst, und so konnte ich mich beruhigt wieder umdrehen. Ich war gerade wieder eingenickt, als ich ihn aufgeregt rufen hörte.

In Windeseile warf ich mir ein T-Shirt über, schlüpfte in meine Jeans und sauste nach unten.

Mike stand ganz aufgeregt vor ihrem Bett. Winkte mich heran. Frau Bernstorf lag, wie immer in der letzten Zeit, auf dem Rücken. Mike nahm ein Stück Banane und legte es auf ihren Mund. Wütend kniff sie die Augen zusammen. Dann verharrte sie. Ihr Gesicht bewegte sich und schwups war das kleine Stück verschwunden. Regungslos lag sie da. Mike strahlte mich an. Sprachlos sah ich ihn an. Er hob drei Finger, um mir zu zeigen, dass es bereits das dritte Stück sei. Das konnte ja nur ein gutes Zeichen sein.

Von da an ging es mit Frau Bernstorf langsam bergauf. Ich beschäftigte mich im Garten und versuchte, ihn wieder in einen solchen zu verwandeln. Mike hatte einen richtigen Narren an Frau Bernstorf gefressen. Er besuchte uns oft und wann immer es das Wetter zuließ, betteten wir sie um auf die Terrasse. Manchmal schien sie zu lächeln, aber vielleicht bildeten wir uns das auch nur ein. Ich las ihr viel vor, obwohl ich nicht wusste, ob sie es überhaupt verstand.

Ich war ja keine gelernte Pflegerin, ich tat alles, was mir gefallen würde, wenn ich an ihrer Stelle wäre. Ich hatte in den letzten Wochen Berge von Fachliteratur verschlungen, aber ich glaubte, dass hier mit der reinen Medizin nicht zu helfen war. Irgendetwas musste hier in diesem Haus passiert sein.

Wer war Sophie? Ich nahm mir vor, das herauszufinden. Frau Bernstorf begann zu essen, ein mühseliges Unterfangen, aber ich hatte ja Zeit.

Sie erinnerte mich dann immer an die kleinen Spatzen, die ich als Kind immer gerettet hatte und mit kleinen Spritzen fütterte, um ihnen dann traurig zuzusehen, wie sie eines Tages davonflogen. Ich mischte Puddingsuppe mit Zwieback und Bananen, jagte alles durch den Mixer, damit sie nicht kauen musste. Ich versuchte es mit Babynahrung, aber die spuckte sie mir gleich wieder auf die Hand. Also gab es wieder Pudding mit Banane. Tagein, tagaus. Dr. Petters war mit uns beiden mehr als zufrieden. Er kam jetzt nur noch zweimal in der Woche und wenn ich ihn rief, weil ich einen Rat brauchte.

Im Keller hatte ich, bei meiner Suche nach Gartenmöbeln, einen alten Schaukelstuhl gefunden. Hatte ihn abgebeizt und neu lackiert. Heute würde ich ihn einweihen. Mike kam zum Mittag, und wir hatten vor, auf der Terrasse zu essen.

Als wir Frau Bernstorf nach draußen trugen, deutete er auf den Schaukelstuhl. Wir setzten sie vorsichtig hinein, schoben sie mit dem Schaukelstuhl dicht an den Tisch und begannen zu essen. Plötzlich hielten wir beide inne. Wir sahen uns an, dann wieder Frau Bernstorf. Sie schaukelte, ganz vorsichtig und summte. Ganz leise, mit einem Lächeln in ihrem faltigen Gesicht. Sie saß ganz entspannt, ließ sich von Mike sanft hin und her schaukeln und summte. Uns beiden standen Tränen im den Augen. Mike griff nach seiner Kamera und filmte.

Nun wohnte ich schon fünf Monate bei Frau Bernstorf und der Sommer ging zur Neige. Mike hatte seine beiden Nebenjobs aufgegeben und kümmerte sich neben seinem Studium nur noch um Frau Bernstorf. So konnte ich langsam wieder ein Privatleben führen. Mike übernahm freiwillig die Wochenenden, und ich tummelte mich dann auf der Szene. Auch heute stellte ich meinen alten Gnubbel wieder auf dem Kiez ab. Die Reeperbahn hatte immer schon eine magische Anziehungskraft. Bunte Lichter, Essengerüche, Menschen rund um die Uhr. Die Frauendiskotheken waren zu Fuß erreichbar, so konnte ich immer von einer zur anderen pendeln, bis ich keine Lust mehr hatte und früh am Morgen den Weg nach Hause fand.

Auch heute stand ich wieder am Tresen, gönnte mir ein Kühles und hielt ein Schwätzchen mit Bekannten. Die Bedienung schob mir noch ein Helles rüber. Ich sah sie erstaunt an. Sie deutete mit dem Kopf zur anderen Ecke des Tresens.

Eine Frau lächelte mich an. Ich hatte sie hier noch nie gesehen. Sie passte auch gar nicht hierher. Sie war viel zu alt. Jedenfalls empfand ich das so. Ich griff nach dem Bier und prostete ihr zu. Sie lächelte mich an, völlig entwaffnend. Ich musste grinsen. Wenig später raffte ich mich auf und forderte sie zum Tanzen auf. Sie war etwas größer als ich und sehr gepflegt. Und sie roch gut. Ich liebe schöne Gerüche. Und schöne Frauen.

Als die Disco um sechs Uhr schloss, zogen wir zusammen weiter über den Kiez. Sie taxierte mich mit einer Mischung aus Spott und Neugier. Manchmal fühlte ich mich mit meinen dreiundzwanzig schon ziemlich ausgezogen. Wenn sich unsere Blicke trafen und ich ihren standhielt, wurde sie verlegen. Es machte mir Spaß, diese Verlegenheit zu provozieren. Wir unterhielten uns über Gott und die Welt, nur von ihr erfuhr ich so gut wie nichts.

Vielleicht war sie verheiratet? Nur auf ein Abenteuer aus? Ob sie dasselbe von mir dachte? Ich trug immer noch Mikes Ring am rechten Ringfinger. Ich sah auf die Uhr. Siedend heiß fiel mir Frau Bernstorf ein. Ich musste los. Ich erklärte ihr die Situation. Als sie mich nach meiner Telefonnummer fragte, hüpfte mein Herz fröhlich über kleine Steine. Verlegen gaben wir uns die Hand und ich sauste nach Hause. Mike erwartete mich schon. Eine Anna habe angerufen und ihre Telefonnummer hinterlassen. Ich möge zurückrufen, wenn ich Zeit dazu fände. Lächelnd schnappte ich mir das Telefon und verschwand, nachdem ich kurz bei Frau Bernstorf reingeschaut hatte, nach oben. Mike hatte heute wie immer Dienst. Nach meinen Discoabenden brauchte ich den Sonntag für mich ganz alleine. Gegen Abend gehörte ich wieder zu den Lebendigen.

Frau Bernstorf war richtig pflegeleicht geworden. Jeden Morgen zog ich sie an, steckte ihr langes, graues Haar mit einer Spange zusammen. Fütterte sie und setzte sie in einen Sessel. Ich ließ mir damit viel Zeit. Ab und an kamen Freunde zu Besuch, und ich hatte den Verdacht, dass sie lauscht. Obwohl dieses kleine Persönchen dort regungslos saß, schien sie aufmerksam zu sein. Es schien ihr nichts zu entgehen. Sie lebte dort in ihrer eigenen kleinen Welt, zu der sie niemandem Zutritt gewähren wollte. Ob sich das je ändern würde? Ich zog ihr jeden Tag hübsche Sachen an, obwohl ich nicht wusste, ob sie es überhaupt bemerkte. Mittags legte ich sie zu einem Mittagsschlaf für zwei Stunden wieder auf ihr Bett. Dann las ich ihr meist aus der Zeitung vor.

Für heute hatte ich mir vorgenommen, mich mal den oberen Räumen zu widmen. Da wir einen Babyruf installiert hatten, konnte ich Frau Bernstorf immer hören, auch wenn ich mich in einem anderen Zimmer aufhielt.

Die Küche war wieder benutzbar und die unteren drei Räume hatten wir wohnlich gestaltet. In einem wohnte Mike, wenn er über Nacht blieb. Im Wohnzimmer wohnte Frau Bernstorf. Die beiden anderen standen leer. Auch oben hatte sich noch nicht viel getan. Bis auf das Arbeitszimmer sah es einigermaßen ordentlich aus.

Ich war gleich nach Frau Bernstorfs Umzug nach unten vom Arbeitszimmer in ihr ehemaliges nach oben umgezogen. Ich hatte das Arbeitszimmer danach fast nie wieder betreten. Ich riss die Fenster auf, sah auf die herbstlichen Blätter des großen Kirschenbaums in Nachbars Garten. Wie schnell die Zeit verflogen war.

Im Nachbargarten wurde gearbeitet. Die Nachbarn mieden mich noch immer, aber das war mir ziemlich wurscht. Ich hatte mit Mike zusammen die Einfahrt wieder in Ordnung gebracht, die Gartenmauer weiß gestrichen und mein Gnubbel stand nun immer in der Garage. Ich machte es mir bequem und sah mich um.

Regale voller Bücher bis unter die Decke. Am meisten faszinierten mich die Stuckarbeiten in den hohen Räumen. Dieses Haus hatte gute Tage gesehen, dessen war ich mir sicher. Auf der anderen Seite stand ein alter Schrank, dessen Türen sich nur knarrend und unwillig öffnen ließen. Daneben ein Sekretär. Ob er Geheimfächer hatte? Ich hatte immer wieder davon gelesen, und auf einer Möbel- und Antikmesse hatte ich einige Exemplare davon gefunden. Sie hatten alle Geheimfächer.

Ich stand auf und öffnete den Schrank. Aktenordner und Fotoalben türmten sich dort. Briefe, geschnürt mit bunten Bändern. Die Briefe nahm ich und legte sie beiseite. Dann nahm ich mir die Fotoalben vor und hoffte, dort Spuren von Frau Bernstorfs Vergangenheit zu finden. Es gab Hochzeitsfotos mit einem schmucken Offizier. Wie alt diese Bilder waren. Das Hochzeitsfoto war von 1944. Ich fand nach 1945 keine Bilder mehr vom Offizier. Vielleicht war er gefallen. Es gab keine Hinweise. Ich fand auch keine Kinderfotos. Ich durchstöberte noch ein paar Alben, war auf der Suche nach denen der letzten Jahre.

Endlich wurde ich fündig. Staunend blätterte ich Seite für Seite durch. Das also war Sophie. Die beiden waren ein Liebespaar. Ich fand viele Fotos ihrer gemeinsamen Unternehmungen. Reisen, die sie gemacht hatten, Feste, die sie gefeiert hatten. Seit dem letzten Jahr gab es keine Fotos mehr von den beiden. Wo war Sophie geblieben?

War sie verstorben? Ich fand keinen Hinweis darauf. Ich rief sofort bei Mike an, um ihm von den Neuigkeiten zu berichten. Er nannte das Haus nun nur noch die „Villa Rosa". Ich musste mich nun wieder um Frau Bernstorf kümmern. Ich klappte das Album zusammen und verfrachtete es wieder im Schrank. Dann schnappte ich die Briefe und legte sie obenauf.

Ob das Briefe von Sophie waren? Ich ging nach unten und sah die schlafende Frau Bernstorf an. Ich streichelte ihr die Wange, um sie nicht zu erschrecken. Nachdem ich sie abends zu Bett gebracht hatte, ging ich wieder nach oben, um meine Suche fortzusetzen.

Die Fotos sprachen eine klare Sprache. Clara und Sophie hatten hier in diesem Haus gewohnt, nein zusammengelebt. Dann musste etwas passiert sein. Der Zustand des Hauses sprach Bände. Wer war Herr Clausen, welche Rolle spielte er? Was wussten die Nachbarn? Aber ob die mir helfen könnten? Die grüßten ja nur, wenn ich ihnen genau vor die Füße fiel. Nein, da konnte ich wohl keine Hilfe erwarten.

Vielleicht konnte ich den Nachbarjungen mal fragen, der hier immer mit dem Rad vorbeisauste. Der auch das Wochenblatt brachte. Ich bekam meinen wöchentlichen Scheck per Post, wovon lebte Frau Bernstorf? Ich verbrachte die ganze Nacht damit, Ordner zu wälzen. Meine Augen brannten, aber ich hatte keine Ruhe mehr. Sämtliche Unterlagen von Sophie waren noch hier. Kein Hinweis auf ihr Verbleiben. Als der Morgen dämmerte, war ich immer noch damit beschäftigt, die Spuren ihrer Vergangenheit zu suchen. Ich hatte eine große Pinwand aufgestellt und alle Daten zusammengetragen, die ich finden konnte.

Bis zum letzten Jahr im Januar konnte ich das Leben der beiden verfolgen, aber dann brachen die Informationen abrupt ab. Ich war jetzt sechs Monate hier, also blieben noch über zwölf Monate im Unklaren. Ich versorgte Frau Bernstorf und schlief auf der Couch ein. Erst am Mittwoch sollte ich mit meinen Nachforschungen ein ganzes Stück weiterkommen.

Ich passte den Nachbarjungen ab, als er das Wochenblatt einwerfen wollte. Fragte ihn nach Sophie. Er zappelte ungeduldig auf seinem Rad. Dann rollte er ein Stück näher und sah sich vorsichtig um.

„Die alte Frau Clausen?“

Ich sah ihn verblüfft an.

„Sophie Clausen?“

Ich nickte.

„Och, die ist im Heim, glaub ich. Kann ich jetzt gehen?“

Er sah sich unsicher wieder um.

„In welchem Heim, seit wann?“

„Ich weiß auch nicht, seit sie im Krankenhaus war.“

Er zeigte aufs Haus.

„Da hat er sie dann holen lassen. Mehr weiß ich nicht. Ich muss jetzt aber gehen.“

„Ja danke und wenn dir noch was einfällt, du könntest dir ein Taschengeld verdienen.“

Vielleicht würde er ein wenig intensiver nachdenken. Aber da hatte ich nicht so viel Hoffnung. Ich ging sofort wieder nach oben und suchte nach den Unterlagen, die ich über das Haus gefunden hatte. Nahm mir noch einmal die Krankenblätter von Frau Bernstorf vor. Wenn das, was ich glaubte, wahr war, es schien mir zu abstrakt, zu unglaublich. Ich saß noch lange dort. Ich wollte es nicht glauben. Ich durchsuchte den Sekretär. Durchstöberte alle Fächer, fand aber nichts. Es wäre auch zu schön gewesen.

Abends kam Anna. Ich freute mich schon seit Tagen auf ihren Besuch. Wir hatten ab und zu telefoniert, aber es nicht geschafft, uns zu treffen. Sie arbeitete bei einer Firma, die Messen und Veranstaltungen organisierte. Ich hatte für heute Abend Huhn in Ananas vorbereitet. Der Duft zog schon durchs ganze Haus. Nun musste ich nur noch den Wein kalt stellen und den Reis aufsetzen. Ich war ziemlich aufgeregt, als es dann endlich klingelte. Anna schüttelte sich die Regentropfen von der Jacke und reichte mir einen riesigen Blumenstrauß. Ich bat sie herein und stellte die Blumen in die Vase. In Kürze erzählte ich ihr von den Neuigkeiten, die ich erfahren hatte. Dann gingen wir ins Wohnzimmer.

Frau Bernstorf leistete uns Gesellschaft. Wie immer saß sie in ihrem großen Sessel, in dem sie fast verschwand. Wir rückten den Sessel näher an den Tisch, damit ich sie füttern konnte. Sie ließ sich zwar füttern, kaute aber endlos auf den kleinen Bissen. Anna sah unserem kleinen Schauspiel belustigt zu. Ich hatte ihr schon viel von Frau Bernstorf erzählt.

Plötzlich nahm Anna mir den Löffel aus der Hand und füllte wieder auf. Sie nahm Frau Bernstorfs Hand und schob den Löffel hinein. Kaum merklich verzog Frau Bernstorf das Gesicht. Ängstlich, unwillig? Man konnte es nicht deuten. Anna sah sie prüfend an. Dann nahm sie ihr Gesicht in die Hände, wandte sich ihr zu.

„Versuch´s, tu´s für Sophie."

Ein Zucken ging durch den kleinen Körper.

„Na los, komm´, versuch´s. Lass dich doch nicht so gehen. Warum kämpfst du nicht? Wenn nicht für dich, dann für Sophie."

Zitternd hob Frau Bernstorf wie in Zeitlupe den Arm nach oben und schob sich den Löffel in den Mund. Legte den Arm wieder zurück. Lehnte sich erschöpft zurück und kaute auf ihrem Bissen. Anna streichelte ihr übers Haar.

„Sophie wäre stolz auf dich."

Anna zog mich ganz aufgeregt an sich. Später deckte Anna den Tisch ab, während ich in der Küche für Ordnung sorgte. Anna trocknete ab, legte das Handtuch beiseite. Brachte die Gläser wieder in die Vitrine.

Ich wusch gerade die letzten beiden Teller ab, als Anna sich hinter mich stellte und mich in den Arm nahm. Mich zärtlich küsste.

Ich schloss die Augen, roch ihr schweres Parfum, drehte langsam meinen Kopf und küsste sie. Wir schmusten noch eine ganze Weile, dann nahmen wir den Nachtisch und gingen eng umschlungen zurück ins Wohnzimmer.

Frau Bernstorf saß dort mit offenen Augen und sah uns an. Sie lächelte. Sie hatte die Augen offen, musterte uns fragend, neugierig, herausfordernd. Sie hatte strahlend blaue Augen. Ich sah sprachlos Anna an. Machte einen Freudensprung in die Luft. Der Schlüssel zum Leben von Clara war „Sophie".

Kurz nach Mitternacht brachte ich Anna zur Tür. Wir lagen uns in den Armen, eigentlich wollte ich sie nicht gehen lassen. Ich brachte sie zum Wagen, sah ihr nach, bis der Wagen um die Ecke bog. Leise seufzend ging ich zurück ins Haus.

Ich wollte gerade zu Bett, als es klingelte. Ob Anna etwas vergessen hatte? Ich ging zur Tür und öffnete. Anna stand durchnässt vor der Tür. Fragend sah ich sie an.

„Hast du etwas vergessen?"

Sie schüttelte den Kopf. Kam die letzten Stufen hoch, schob mich zurück in den Flur, nahm mich in den Arm und drückte die Haustür wieder ins Schloss. Eng umschlungen gingen wir auf mein Zimmer. Wir liebten uns die ganze Nacht. Wir spürten, dass wir zusammengehören. Es bedurfte keiner großen Worte. Anna hatte mich in ihren Bann gezogen. Erschöpft, aber glücklich, schlief ich ein.

Als ich am Morgen nach Frau Bernstorf sah, lag diese mit offenen Augen im Bett und sah mich an. Ich glaube, sie wusste genau, dass Anna über Nacht geblieben war. Anna hatte geduscht, sich angezogen und kam noch schnell, um sich zu verabschieden. Sie drückte mir einen dicken Kuss auf den Mund, streichelte Frau Bernstorf über die Wange. Dann ließ sie uns zurück, ich hörte die Tür ins Schloss fallen und ihren Wagen davon fahren.

Anna wollte am Wochenende wiederkommen. Ich hatte keine Lust auf Szene, was sollte ich auch dort? Ich verbrachte meine Zeit lieber mit Anna. Ich konnte ihr stundenlang zuhören. Wenn sie von ihrer Kindheit erzählte, von den letzten Jahren, ihrer Karriere. Sie hatte viel erreicht. Sie war nur acht Jahre, was heißt nur, älter, aber sie erschien mir oft so erwachsen. Ihre kleinen Grübchen, die Lachfalten, ihre grünen Augen, die schlanken Hände. Sie faszinierte mich. Frau Bernstorf sah mich wissend an und lächelte. Ernst sah ich sie an.

„Wir zwei, wir werden Sophie suchen. Und damit fangen wir heute gleich an."

Vielleicht bildete ich mir das nur ein, aber ich hatte heute das Gefühl, als ginge uns beiden alles viel leichter von der Hand. Ich zog sie an, suchte einen Mantel, der ihr aber am ganzen Körper schlotterte. Wir würden gleich heute einen neuen kaufen. Dann rief ich uns ein Taxi. Wir ließen uns zur Krankenkasse fahren und nach vielen energischen Wortgefechten erstritt ich uns, wenigstens leihweise, einen Rollstuhl.

Mit dem nächsten Taxi fuhren wir zum zuständigen Amt für die städtische Heimplatzverwaltung. Irgendwo musste Sophie ja geblieben sein. Man wollte uns keine Auskunft geben.

Wir versuchten, mit dem Rollstuhl die U-Bahn zu benutzen, aber das schien in einer Weltstadt wie Hamburg nicht möglich zu sein. Also das nächste Taxi. Weiter fuhren wir stadteinwärts. Und gingen shoppen.

Zuerst kaufte ich für Frau Bernstorf einen beigen Mantel, Handschuhe und eine Mütze für den Herbst, ein paar warme Schuhe. In ihre alten Sachen passte sie ja nicht mehr.

Sie sagte nichts, hielt die Augen aber offen und beobachtete scharf, was um sie herum passierte. Ich schob sie einmal um die Alster. Die Idee mit dem Rollstuhl war toll. Warum war ich nicht früher darauf gekommen? Aber bis gestern hatte Frau Bernstorf so wenig Anteil am Leben genommen, dass es so sinnlos erschienen war. So konnten wir nun einiges unternehmen und waren nicht immer auf das Haus angewiesen. Zurück fuhren wir mit dem Bus, ich hatte alles Geld ausgegeben. Wie konnte ein so kleiner Mensch so schwer sein? Andere Fahrgäste halfen uns in den Bus und wieder hinaus. Langsam bummelten wir die Straße runter. Kamen der Nummer sieben näher.

Wie lange sie das Haus nicht mehr von außen gesehen hatte, ich meine vor meiner Zeit? Mikes knallrotes Rad lehnte vor der Garage. Sie sah dorthin, ich folgte ihrem Blick. Erzählte ihr, dass Mike zu Besuch sei. Der Nachbar kam uns mit seinem Hund entgegen und blieb wie angewurzelt stehen. Er glaubte wohl, eine Fata Morgana zu sehen. Er verschwand blitzschnell in seinem Haus und Sekunden später bewegten sich die Gardinen. Ich nickte frech zum Fenster. Dann schob ich den Rollstuhl die Garageneinfahrt hoch und nach hinten in den Garten, damit Frau Bernstorf alles sehen konnte.

Ich rief nach Mike. Staunend und fassungslos sah er uns an. Erst mich, dann Frau Bernstorf, er sprang auf uns zu, laut jauchzend drehte er die arme Frau Bernstorf in ihrem Rollstuhl wie einen Brummkreisel. Dann bremste er abrupt, nahm Frau Bernstorf in den Arm. Sah sie liebevoll an und drückte sie kurz.

„Willkommen daheim."

Mike und ich beschlossen, vorne eine Auffahrt zu bauen, damit wir den Rollstuhl leichter ins Haus bekamen. Wir saßen noch eine ganze Weile schweigend zusammen auf der Terrasse. Mike rauchte seine Zigarette, hing seinen Gedanken nach.

Da kam ich auf die Idee mit dem Brief. Ich radelte zum Schreibwarenladen, kaufte über hundert Briefumschläge, schrieb zusammen mit Mike über hundert Geburtstagsgrüße, schnappte mir ein Telefonbuch und schickte an alle Heime, die ich im Telefonbuch fand, meinen Brief an Sophie Clausen. Irgendein Heim würde den Brief nicht zurückschicken. Wir mussten nur noch abwarten.

Gleich am nächsten Morgen sauste ich zum Briefkasten. Ich hatte in der Stadt eine Kopie von sämtlichen Heimen machen lassen, und nun konnte ich schon einige von meiner Liste streichen. Abends hielten Anna, Mike und ich Kriegsrat. Wir vervollständigten die Informationen, die ich bisher auf meiner Pinnwand zusammengetragen hatte. Irgendwie kamen wir nicht weiter.

Frau Bernstorf war die Einzige, die unser Rätsel lösen konnte. Sie saß hellwach neben uns am Tisch, beobachtete uns ganz genau. Ich berichtete vom Rücklauf der ersten Briefe mit dem aufgedrückten Stempel „unbekannt". Noch ein oder zwei Tage, und wir waren vielleicht schlauer.

Anna sah sich wieder und wieder stirnrunzelnd die Pinnwand an. Ich schnaufte, ging in die Küche, um uns noch eine Flasche Wein zu holen. Anna nahm mir die Flasche aus der Hand, deutete auf die Notizen.

„Warum fragen wir nicht Herrn Clausen?“

Mike sah uns entsetzt an.

„Das ist doch nicht dein Ernst. Sieh dich doch nur um, wie es hier ausgesehen hat. Das sieht doch ganz so aus, als habe er seine Finger im Spiel. Ich denke, er weiß genau, was hier passiert ist. Vielleicht ist er der Sohn von Sophie?“

Mike hat recht, er bezahlt dich. Wenn du zu viele Fragen stellst, schmeißt er dich raus. Was wird dann aus Frau Bernstorf?“

Daran hatte ich noch gar nicht gedacht. Ich hatte nicht einmal die Hälfte des Geldes, das ich bisher für meine Arbeit bekommen hatte, ausgegeben, ich würde schon keine Not leiden. Meine frühere Arbeitslosigkeit hatte mich doch sehr vorsichtig werden lassen. Aber was würde mit Frau Bernstorf passieren? Wir sahen sie an. Sie musterte uns. Sie sah richtig ängstlich aus. Mike kniete sich vor ihr auf den Boden, sah ihr ins Gesicht.

„Du musst uns helfen. Wenn wir Sophie finden sollen, brauchen wir deine Hilfe. Wenn wir auch nur einen Fehler machen, machen wir vielleicht alles kaputt. Dann können wir dir vielleicht nicht mehr helfen.“

Schweigend sahen sich die beiden lange an. Sie hielten immer eine Art Zwiesprache. Mike las ihr oft Geschichten vor, spielte Mundharmonika für sie. Verträumt sah sie ihm immer zu. Sie legte ganz langsam ihre Hand auf seinen Arm, sah nach oben an die Decke.Er folgte ihrem Blick. Nachdenklich sah er sie an. Dann stand er auf, nahm das kleine Persönchen auf den Arm und ging mit ihr nach oben. Sie blieben lange dort. Anna und ich versuchten weiter, das Puzzle zusammenzufügen. Wir hörten Mike auf der Treppe. Mit Frau Bernstorf auf dem Arm kam er wieder ins Wohnzimmer. Setzte sie wieder vorsichtig ab. Dann plumpste er, völlig außer Atem, auf seinen Stuhl. Er zog einen Umschlag aus der Hosentasche, öffnete ihn. Während er las, pfiff er durch die Zähne. Missmutige Falten auf der Stirn. Kopfschüttelnd und wütend feuerte er den Schrieb auf die Pinwand.

„Wenn wir jetzt noch Sophie finden, ist das Puzzle komplett."

Anna und ich sahen ihn an.

Er steckte noch ein paar Zettel um, dann legte er die Pinwand in unsere Richtung.

„Also, bisher sieht das so aus: Clara gehört das Haus hier, in dem sie lebt. Sie lebte hier mit Sophie. Da die Rente der beiden nicht so hoch war, sprang Herr Clausen ein. Er ist der Sohn von Sophie, wie wir uns das gedacht haben. Er hat das Haus auf Leibrente gekauft. Obwohl. Das geht nicht so genau aus den Unterlagen hervor. Es gibt wohl einen Vorvertrag."

Ich sah ihn an.

„Was heißt das im Klartext?"

„Ganz einfach, er muss Frau Bernstorf eine lebenslange Rente zahlen. Wäre sie gestorben, hätte er jetzt schon das Haus."

Anna sah ihn ungläubig an.

„Du meinst, er wusste, wie es hier zuging?"

„Ich meine noch mehr. Aus den Unterlagen geht hervor, dass Frau Bernstorf wegen eines Unterschenkelhalsbruches im Krankenhaus war. In dieser Zeit verschwand Sophie. Einfach so. Als Frau Bernstorf wieder aus dem Krankenhaus kam, war sie allein.

Herr Clausen hatte dich ja nicht engagiert, damit du die Lebensgeister von Frau Bernstorf weckst, sondern als Sterbebegleitung. Er musste wissen, wie es um sie steht. Hat er sich eigentlich bisher nicht beschwert, dass du immer noch hier bist?"

„Nein, mir zahlt er wahrscheinlich nur das Geld, das er an Frau Bernstorf zahlen müsste."

„Laut den Unterlagen, die ich eben noch gefunden habe, ist es auch noch nicht amtlich. Jedenfalls für ihn. Ich habe keinen Beweis finden können, dass er die fällige Einmalzahlung je geleistet hat. Außerdem sind Leibrenten im Voraus zu entrichten, drei Monate oder so. Darüber kann ich auch nichts finden. Da kam ihm der Sturz von Frau Bernstorf wohl wie gerufen. Es gibt nämlich ein Testament, in dem Sophie alles erbt. Das ist nicht wenig und wäre die billigste Lösung. Juristisch gesehen. Frau Bernstorf hat keine Angehörigen. Wäre sie also schnell verstorben, würde der Leibrentenvertrag wahrscheinlich verschwinden, das Testament käme an seine Stelle, und von seiner Mutter bekäme er das Haus sicher irgendwie. Würde Sophie zuerst sterben, könnte er sich auf den Leibrentenvertrag berufen. Ist doch clever ausgedacht. Pass bloß auf dich auf."

Anna sah mich an.

„Du solltest wirklich auf dich aufpassen. Ich denke, zuerst müssen wir Sophie finden. Mike sollte sich juristisch mal schlau machen, ob man da was machen kann, und du Dani, halt dich bedeckt, bis wir wissen, was wir unternehmen können."

Am Wochenende war es soweit. Ich badete Frau Bernstorf, wir suchten ihr hübsches Blümchenkleid raus, Anna kam mit ihrem Wagen vorbei. In meinem Käfer war für uns einfach kein Platz. Frau Bernstorf war richtig aufgekratzt. Seit wir begonnen hatten, Sophie zu suchen, schien ihr Lebenswille wieder erwacht zu sein. Sie aß mit großem Appetit. Dr. Petters hatte sie fast nicht wieder erkannt. Seit wir uns auf die Suche nach Sophie gemacht hatten, versuchte sie, uns immer wieder, leise flüsternd, zu ermuntern. Das Sprechen fiel ihr schwer, nachdem sie sich so viele Monate geweigert hatte, zu sprechen.

Dieses kleine, zierliche Persönchen entwickelte eine Energie, die man ihr gar nicht zugetraut hätte. Wenn wir zu dritt waren, übten wir immer wieder, kleine Schritte mit ihr zu gehen. Wir hakten sie unter und kleine Runden im Garten brachten wir schon zustande. Für größere Strecken nahmen wir den Rollstuhl. Neun Heime hatten meinen Brief nicht zurückgeschickt. In diesen Heimen wollten wir nach Sophie suchen. Als wir gerade los wollten, kam Mike mit seinem Rad um die Ecke gesaust. Er begrüßte uns, drückte Frau Bernstorf an sich.

„Ich werde doch meine kleine Clara nicht alleine in die große Welt schicken, was?"

Sie sah ihn verschmitzt an. Drückte seine Hand. Er hob sie in den Wagen. Sauste einmal um den Wagen herum, um sich dann neben sie zu setzen. Anna und ich mussten laut loslachen. Die beiden waren schon so ein Gespann. So klapperten wir alle vier ein Heim nach dem anderen ab. Im ersten und zweiten kannte man keine Frau Sophie Clausen, im dritten gab es nur eine Sophia Claussen, im vierten Fehlanzeige.

Nun hatten wir nur noch fünf Heime auf unserer Liste. Wenn wir sie auch dort nicht finden sollten, würde es kompliziert. Im fünften Heim wurden wir auch nicht fündig. Ziemlich entmutigt gingen wir zum Parkplatz. Ich glaubte, meinen Augen nicht zu trauen. Dort auf dem Gästeparkplatz stand der protzige Wagen von Herrn Clausen. Ich irrte mich sicher nicht. Ich zog Mike und Anna schnell weiter, zeigte immer wieder auf den Wagen. Die beiden verstanden nichts, folgten mir aber, bis wir außer Sicht waren.

„Das ist der Wagen von Clausen, wenn der hier ist, ist auch Sophie nicht weit, oder?"

Ich sah die beiden an.

„Aber die haben uns doch gesagt, dass sie hier keine Sophie Clausen haben."

Mike sah mich strafend an.

„Dani, merkst du nicht, dass das alles zum Himmel stinkt? Lass uns warten, bis er weg ist."

Ein paar Pfleger und Schwestern kamen um die Ecke, Mike nahm Frau Bernstorf den Blumenstrauß aus der Hand und ging auf die Gruppe zu. Wild gestikulierend redete er auf sie ein. Grinsend kam er wieder. Gab Frau Bernstorf die Blumen zurück.

„Wir haben sie. Nun müssen wir nur noch sehen, dass der Clausen verschwindet."

Ich zog Mike aufgeregt außer Sichtweite, Herr Clausen kam gerade, stieg in seinen Wagen, und wir warteten noch eine ganze Weile, bis wir sicher sein konnten, dass er auch verschwunden war. Diesmal machten wir einen großen Bogen um das Zimmer der Oberschwester, die uns ja wieder weggeschickt hatte.

Jetzt bloß keinen Fehler mehr machen. Meine Hände waren schweißnass. Frau Bernstorf saß völlig angespannt in ihrem Rollstuhl, umklammerte die Blumen. Anna kaute an ihren Fingernägeln. Nur Mike schien das alles nicht so zu berühren, oder er wusste es gut zu verbergen. Aufmunternd war das hier alles nicht.

Es roch nach Urin, die Gänge waren dunkel, alter Linoleumboden, grüne Wände. Zwischen den Türen standen vereinzelt Stühle. Die meisten alten Leute saßen apathisch im Gang. Manche schaukelten stumm vor sich hin. Sie erinnerten mich an Frau Bernstorf. Ich musste unweigerlich an die letzten Monate denken. Wie ich das Haus vorgefunden hatte. Mir grauste jetzt noch.

Die Gänge schienen mir endlos. An manchen Türen standen sechs Namen, ich wollte das nicht glauben. Sechs Personen in einem Zimmer? Altersheime kannte ich nur aus den Fernsehkrimis und was waren das immer für großzügige, gut eingerichtete Appartements. Das war hier wohl nicht der Fall.

Eine alte Dame schlurfte uns entgegen. Mike fragte nach Frau Clausen. Sie nickte und schlurfte weiter. Sie hatte seine Frage wohl gar nicht verstanden. Mike hielt an der Tür inne, aus der die alte Dame gekommen war. Gebannt sahen wir auf die Namenschilder: Claussen, Sophie. Mike pfiff laut. Schnalzte mit der Zunge. Klopfte laut und öffnete die Tür.

Erwartungsvoll traten wir ein. Fragende Blicke trafen uns. Sechs Betten, dicht an dicht, dazwischen ein Nachtschrank, in der Ecke sechs schmale Spinde. Es sah aus wie bei der Armee, nicht wie ein Zuhause. Nur drei der Damen waren im Zimmer. Die drei anderen Betten waren leer. An Frau Bernstorfs Blick sahen wir, dass Sophie nicht da war. Ich fragte nach Frau Clausen. Die beiden alten

Damen zur Linken sahen uns nur an. Ich war mir nicht einmal sicher, ob sie meine Frage überhaupt verstanden hatten. Die Dame zur Rechten sah uns neugierig an.

„Ihr Sohn war zu Besuch. Ist heute der Erste?"

Ich nickte.

„Ja, ja. So ist das im Alter, da hegt man sie und pflegt sie und was ist der Dank. Sophie ist sicher wieder draußen. Sie läuft immer weg, keiner weiß, was sie eigentlich sucht. Hinter dem Haus müssen sie mal nachschauen. Meistens sitzt sie dort auf einer Bank."

Dann widmete sie sich wieder ihrer Zeitung. Wir waren verabschiedet. Also wieder den Gang runter, raus aus dem Haus. Meine Nerven vibrierten. Anna drückte meine Hand. War ich froh, dass sie mitgekommen war. Ich war schrecklich nervös. Wir sahen uns um, dort hinten lief mit kleinen, tippelnden Schritten eine gebeugte Frau. Hinten auf der Bank saß ganz allein eine Frau. Mike schob den Rollstuhl über den unwegsamen Weg. Wir gingen zielstrebig auf die alte Dame auf der Bank zu, machten der kleinen, tippelnden Frau Platz.

Frau Bernstorf hob die Hand. Mike bremste sofort und hielt inne. Die kleine tippelnde Dame summte. Wir drehten uns alle drei abrupt um, sahen ihr nach. Wir lauschten. Sahen uns an. Dieses Lied kannten wir nur zu gut. Der „Blues in rosé".

Plötzlich bäumte sich Frau Bernstorf auf. Sie sang, mit lauter und klarer Stimme sang sie ihren Blues. Ich hatte Gänsehaut, Anna nahm mich in den Arm. Völlig ergriffen standen wir da. Die tippelnden Schritte hielten inne. Die alte Dame drehte sich um. Ganz, ganz vorsichtig kam sie näher. Ungläubig und zögernd setzte sie vorsichtig einen

Fuß vor den anderen. Tränen liefen über ihr Gesicht.

Sie streckte die Hände nach Frau Bernstorf aus. Mike klappte die Fußrasten des Rollstuhls nach oben, half Frau Bernstorf beim Aufstehen. Frau Bernstorf streckte ihr die Hände entgegen. Dann lagen sie sich weinend in den Armen.

Mike weinte, auch Anna und ich kämpften mit den Tränen. Wir brachten die beiden zu der Bank am Ende des Weges und ließen sie alleine. Händchenhaltend saßen sie dort, summten mit geschlossenen Augen ihren Blues. Sahen sich zwischendurch immer wieder ungläubig an. Frau Bernstorf strich Sophie immer wieder über das Haar. Streichelte ihre Wange. Aus respektvollem Abstand sahen wir den beiden zu. In diesem Augenblick einer großen Liebe hatten wir keinen Platz. Mike fasste sich zuerst. Trommelte mit den Fingern auf der Bank herum.

„Wir müssen was unternehmen. Was sollen wir denn nun machen? Wir können sie doch jetzt nicht hier lassen."

„Willst du sie entführen?"

„Wir können ja mal fragen, morgen ist Sonntag."

Mike raffte sich auf und verschwand im Gebäude. Es dauerte eine Ewigkeit, bis er wiederkam. Strahlte übers ganze Gesicht. Er hatte eine große Tasche unter dem Arm.

„Wir sollten Sophie aber fragen, ob sie überhaupt mit möchte."

Anna hatte Bedenken.

„Sieh dir die beiden an. Da erübrigen sich alle Fragen oder? Morgen muss Sophie wieder zurück, aber nun, wo wir wissen, wo sie wohnt, können wir sie ja immer besuchen."

Er ging zu den beiden, half Frau Bernstorf wieder in den Rollstuhl, Anna und ich nahmen Sophie an die Hand, die tippelnd in unserer Mitte hinter Mike und Frau Bernstorf herlief. Anna und ich mussten lachen. Es war ziemlich mühsam, Sophie zu bewegen, ins Auto zu steigen. Aber schließlich fuhren wir alle nach Hause.

Frau Bernstorf drückte immer wieder Sophies Hand. Die warf ihr erstaunte Blicke zu, summte unaufhörlich den Blues, schaukelte hin und her und wippte mit den Füßen.

Als wir vor dem Haus hielten, verstummte sie, mit großen Augen sah sie aus dem Fenster, blickte zu Frau Bernstorf. Anna stieg aus und öffnete die Gartenpforte. Wir brachten die beiden ins Haus. Nach dem Essen ließen wir die beiden allein. Richteten im Erdgeschoss ein Schlafzimmer für Sophie her. Durch die angelehnte Tür hörten wir leise Stimmen. Anna stutzte zuerst.

„Hör mal, das ist Frau Bernstorf, die da spricht."

Wir lauschten alle drei. Sie sprach. Leise und beschwörend redete sie auf Sophie ein. Später brachte Mike brachte Frau Bernstorf zu Bett, Anna gönnte sich ein Bad, und ich kümmerte mich um Sophie.

Diese entpuppte sich als richtiges kleines Energiebündel. Ständig zappelte sie, blieb immer in Bewegung. Wenn sie sprach, waren es meist unzusammenhängende Wortfetzen. Sie brachte viele Dinge in ihrer Aufregung durcheinander. Aber es war ja auch heute so viel in ihrem Leben passiert. Ich glaube, wir waren alle ganz schön aufgewühlt. Ich machte noch einmal meine Runde durchs Haus und kroch dann zu Anna ins Bett.

Alles, was hier so um uns herum passierte, hatte uns in der kurzen Zeit ziemlich zusammengeschweißt. Wir fühlten uns verbunden, waren Zeuge einer großen, innigen Liebe. Ich kuschelte mich an Anna. Sie streichelte mir übers Haar.

„Ob die beiden jetzt glücklich sind?“

„Ach Anna, ich glaube, wie nie zuvor. Sophie, sie passt zu ihr, findest du nicht?“

„Stell dir mal das hier vor, Dani. Du lebst mit mir zusammen und dann kommst du ins Krankenhaus, und wenn du wieder nach Hause kommst, bist du allein. Ich kann das gar nicht nachvollziehen. Mir wird ganz schlecht, wenn ich darüber nachdenke.“

„Deshalb hat es hier auch so ausgesehen, sie hat sich völlig aufgegeben, als Sophie weg war.“

„Das Haus weg, Sophie weg.“

„Ich glaube, das Haus ist ihr egal.“

„Es ist ihr zu Hause. Ihr Leben. Mir würde es auch nicht gut gehen, wenn ich dich nicht hätte.“

„Du meinst, ich bin wichtiger als deine Karriere?“

„Das ist doch ganz was anderes. Was ist das für ein Vergleich! Nein, ich fühle mich so wohl in deinem Leben. So bereichert, reich beschenkt. Empfindest du das nicht so?“

„Nö.“

Schon als ich das so sagte, musste ich lachen. Anna fiel über mich her, küssend erstickte sie meine zaghaften Proteste im Keim. Küssend und schmusend taumelten wir durch die Nacht. Aneinander gekuschelt schliefen wir früh am Morgen ein.

Der Morgen dämmerte, verschlafen räkelte ich mich, beobachtete Anna. Anna, die nackt und verletzlich neben mir lag, meine Hand noch in ihrer. Die friedlich schlief.

Plötzlich flog die Tür auf. Mike stand völlig außer Atem in der Tür. Ich angelte erschrocken nach dem Laken, deckte Anna und mich zu. Mike sah uns verlegen an.

„Sophie ist weg."

Anna zog sich die Decke bis ans Kinn, ich angelte nach meiner Jeans, schob die Tür energisch vor Mikes Nase zu. Kurze Zeit später war ich unten. Die Haustür war immer noch verschlossen. Auch die Terrassentür war zu. Ihr Zimmer war leer, das Bett ganz kalt.

Wie lange war sie schon weg, wo konnte sie hin sein. Hatten wir einen Fehler gemacht, sie aus ihrer vertrauten Umgebung zu reißen? Und wenn sie nun im Keller? Wir stürzten die Treppe runter. Nichts, auf dem Weg nach oben kam uns Anna entgegen. Schlaftrunken sah sie uns an, fuhr sich mit der linken Hand verschlafen durch ihre Lockenpracht, gähnte herzhaft.

„Was ist denn hier los? Und das an einem Sonntag. Kaum zu glauben."

„Anna, Sophie ist weg."

„Wie weg? Sie wird schon nicht weit sein. Habt ihr mal bei Clara nachgeschaut?"

Mike sah Anna an.

„Bei Clara?“

„Na klar, sie lieben sich. Ich hätte mich nicht in ein Kinderzimmer wegsperren lassen. Oder?“

Sie sah uns belustigt an. Dann ging sie voran und wir trotteten hinterher. Da lagen die beiden. Händchenhaltend in Claras Bett. Lächelnd sahen wir auf die beiden. Anna zog uns energisch wieder aus dem Zimmer.

„Ihr könntet duschen, und ich mache Frühstück. Die beiden lassen wir noch ein wenig schlafen, die sind bestimmt ganz erschöpft.“

Wir trollten uns, ich allerdings nicht, ohne Anna noch einmal innig zu küssen. Mit rotem Kopf verschwand Mike nach oben.

Nach dem Frühstück machten wir uns auf den Weg zu einem ausgedehnten Spaziergang. Herbstlaub machte den Garten bunt, die ersten Vorboten für den Winter waren da. Er kam viel zu schnell.

Bald würden die ersten Schneeflocken durch die Luft tanzen. Wir verbrachten einen turbulenten Tag mit den beiden. Gingen in der Gegend spazieren, Sophie tippelte immer neben dem Rollstuhl her, zog Frau Bernstorf oft an der Jacke, zeigte auf viele Dinge. Die beiden hatten ihre eigene Sprache. Wir gingen in ein Café, um uns aufzuwärmen. Mike bestellte, er war schließlich der Hahn im Korb.

„Sophie, was soll's denn sein?“

Sie blickte ihn nur wie immer strahlend an. Sie schien immer gute Laune zu haben. Tätschelte seine Hand.

„Na, dann such' ich etwas aus. Und Frau Bernstorf?“

Er sah sie an. Nickte ihr zu. Flüsternd neigte sie sich mir zu.

„Clara.“

Sie wiederholte noch einmal leise: „Clara“.

Ich nickte ihr zu.

„Darauf stoßen wir an.“

Wir bestellten Sekt und besiegelten das per Du. Sophie und Frau Bernstorf klang auch immer seltsam. Aber den Namen Clausen mochte auch niemand in den Mund nehmen.

Beschwingt machten wir uns auf den Heimweg, und Mike brachte Sophie wieder zurück ins Heim, nachdem wir ihr versprochen hatten, dass wir sie nun jeden Tag besuchen würden und sie am nächsten Wochenende wieder nach Hause holen würden.

Anna musste in den nächsten Wochen wieder eine Messe vorbereiten, und wir konnten uns nicht so häufig sehen, telefonierten aber mehrmals am Tag miteinander. Mike verbrachte seine Wochenenden immer bei uns in der „Villa Rosa“. Ich hatte angefangen, eines der leeren Zimmer für Sophie zu renovieren. Das Wohnzimmer wurde wieder ein Wohnzimmer und das letzte leere Zimmer ein Schlafzimmer für die beiden. Ich fuhr mit Clara und Sophie in die Stadt, gemeinsam suchten wir für das neue Schlafzimmer Tapeten und Gardinen aus. Schließlich sollten sich die beiden dort wohlfühlen.

Mittlerweile lief Clara auch ein wenig durchs Haus. Ich hatte alle schweren Möbel so platziert, dass sie sich von einem Stück zum nächsten vorhangeln konnte. Ihre Neugier

trieb sie voran. Oft saß sie auch, in eine dicke Decke ge-
mummelt, im Wohnzimmer und blätterte in den Fotoalben. Das Sprechen bereitete ihr noch Mühe, aber sie hatte
eine solche ausdrucksstarke Mimik, dass sie sich immer
verständlich machen konnte.

An einem Novemberwochenende saßen wir alle beim
Frühstück, als es klingelte. Mike ging zur Tür. Er kam zurück, ein Einschreibebrief für mich. Ich hob achselzu-
ckend die Schultern. Wer wollte da etwas von mir, war ich
zu schnell gefahren? Ich ging zur Tür, unterschrieb den
Zettel und öffnete den Brief.

Herr Clausen hatte mir gekündigt! Zum 31.12. war Schluss.
Keine Begründung, nichts. Sprachlos blieb ich vor dem
Tisch stehen. Sämtliche Farbe war aus meinem Gesicht
gewichen. Wortlos gab ich Anna den Brief, sie reichte ihn
an Mike weiter.

Ängstlich sahen uns Clara und Sophie an. Aufmunternd
drückte ich Claras Hand. Unsere Stimmung war im Eimer.
Was sollten wir nur dagegen tun? Wir hatten ja nicht das
Recht, über Sophie zu bestimmen. Mike wollte sich morgen rechtlich informieren. Abends brachte er Sophie mit
Gnubbel zurück ins Heim. Clara wirkte sehr verstört. Aber
ich konnte das nur zu gut verstehen. Ich wusste mir auch
keinen Rat.

In der folgenden Woche waren wir alle so aktiv wie nie zuvor. Clara sprach leise flüsternd auf mich ein. Ich solle sie
nicht im Stich lassen.

Was sollte aus Sophie werden, aus ihr? Ich sprach mit Dr.
Petters, ließ mir ein Attest geben, aus dem hervorging, dass
Frau Bernstorf weiterhin rund um die Uhr eine Betreuung
benötigte. Dann schrieb ich Herrn Clausen und wider-
sprach der Kündigung, forderte eine Begründung. Die kam

dann auch prompt. Ich hätte meine Befugnisse weit über-
schritten, eigenmächtig und ohne jegliche Rücksprache mit
ihm Entscheidungen von großer Tragweite getroffen. Un-
ruhe auch ins Leben von Frau Sophie Claussen gebracht.
Sie der Obhut und Fürsorge des Heimes entzogen. Ich rief
Anna an, die mir versprach, am Abend vorbeizukommen.

Ich hatte kaum aufgelegt, als Mike anrief. Er habe sensati-
onelle Neuigkeiten. Er käme gleich nach der Uni vorbei.
Anna und ich erwarteten ihn gespannt. Was konnten das
für Neuigkeiten sein?

Abends saßen wir zusammen. Er lief nach oben und holte
unsere Pinnwand runter.

„Ist Euch aufgefallen, dass er viel zu alt für Sophie ist?"

Verdutzt sahen wir ihn an.

„Ich habe vor kurzem Maurice kennengelernt. Er ist
Rechtsanwalt. Ich wollte mich beraten lassen, wegen Clara
und Sophie."

So wie Mike strahlte, hatte er sich hoffnungslos verliebt.
Ob die neue Liebe Maurice hieß?

„Was sagt denn nun deine Flamme Maurice?"

Ich schoss einfach mal blind und traf. Genau ins Schwarze,
genau in die Mitte. Mike bekam knallrote Ohren. Strafend
sah Anna mich an.

„Daniela!"

Triumphierend blickte ich in die Runde. Mike räusperte
sich verlegen, wuschelte in seinen rotblonden Stoppelhaa-
ren. Anna klopfte ungeduldig auf den Tisch.

„Komm zur Sache. Was hat also dein Maurice gesagt?"

„Mein Maurice hat gesagt, dass Herr Clausen nicht der Sohn von Sophie sein kann."

„Wieso nicht?"

„Hat er das je behauptet?"

Grübelnd saßen wir da. Nein, wir hatten uns das so gedacht. Einen Beweis hatte es dafür nie gegeben. Siedendheiß fiel mir der Brief ein. Er schrieb dort Sophie Claussen mit zwei s. Er schrieb sich nur mit einem „s". Ich erzählte von meiner Entdeckung.

„Ja, aber nicht nur das, wir haben im Heim ein wenig mit dem Personal geplaudert. Sophie hätte ihn mit dreizehn bekommen müssen, und das zur damaligen Zeit. Sie hat auch gar keinen Vormund."

„Er ist nicht ihr Vormund? Wer dann?"

„Niemand, das ist es ja eben. Er verwaltet aus irgendwelchen, mir nicht bekannten Gründen, ihr Vermögen, das ist aber auch alles. Er hat früher mal hier in der Nachbarschaft gewohnt und Sophie und Clara haben wohl mal eine Vollmacht unterschrieben. Das ist aber auch alles."

Wir waren platt. Das war ja ein Hammer.

„Maurice sagt, wenn Sophie einen Betreuer bekommen würde, könne man ihm die Vermögensverwaltung entziehen und den Schaden begrenzen. Es reicht eigentlich, wenn Sophie und Clara ihm die Vollmacht entziehen. Er könnte zwar immer noch eine Kündigung gegen dich aussprechen, weil er dich ja beschäftigt, aber nichts und niemand kann dich daran hindern, weiterhin für die beiden zu sorgen."

Ich schrieb Herrn Clausen einen weiteren Brief, in dem ich ihn aufforderte, seine Kündigung mit sofortiger Wirkung zurückzunehmen. Ferner bat ich um einen Nachweis, dass er befugt sei, solche Entscheidungen zu treffen. Ich stünde in den Diensten von Frau Bernstorf und diese beabsichtige nicht im Geringsten, mich zu entlassen. Frau Bernstorf bitte auch um die Überweisung der längst fälligen Zahlung für das Haus. Als Anlage erhielt er ein Schreiben, in dem ihm mitgeteilt wurde, dass Sophie Claussen und Clara Bernstorf ihm die Vollmacht mit sofortiger Wirkung entziehen. Noch am gleichen Tag fuhren wir zur Bank und ließen alle Vollmachten löschen.

Schriftlich teilte er mir nun mit, dass es keinen rechtsgültigen Vertrag über einen Kauf oder Ähnliches geben würde. Somit auch keine Zahlung ausstünde. Eins zu null für uns. Er hoffte, sich so aus dem Leibrentenvertrag zu stehlen. Frau Bernstorf kam ihm ja auch teuer zu stehen. Dann teilte er mir mit, dass er die Vormundschaft für Frau Claussen beantragt habe. Ich rief Maurice an, vereinbarte sofort einen Termin. Er richtete eine schriftliche Anfrage ans Gericht, mit der Bitte um genaue Prüfung, da er nicht unerhebliche Zweifel am menschlichen Interesse von Herrn Clausen an Frau Claussen habe. Gleichzeitig beantragte ich die Betreuung für Sophie.

Sophie war immer quirlig, Tipppelte ständig durch die Gegend, hielt es nirgendwo lange aus. Sie war zwar vergesslich, aber geistig sehr rege und brauchte jemanden, der sich um ihre Angelegenheiten kümmert. Ansonsten kam sie gut zurecht und fügte sich schnell in Claras Lebensgewohnheiten ein. Ich fuhr mit Maurice ins Heim zu Sophie. Ging mit ihr lange spazieren.

Gut gelaunt tippelte sie neben mir her. Ich erzählte ihr,

dass wir bald nach Hause zu Clara fahren würden. Sie tippelte weiter und summte ihren gemeinsamen Blues.

Maurice kam dick eingemummelt auf uns zu. Unser Atem stieg wie Nebel in die kühle Luft. Er sah stattlich aus, wie er so auf uns zuschritt. Sophie sah zu ihm auf.

Wie klein sie neben ihm wirkte. Wie zerbrechlich sie neben ihm aussah. Mike hatte wirklich Geschmack. Natürlich war Maurice kein Vergleich zu Anna, aber wenn ich Mike wäre, ich hätte mich auch in Maurice verliebt.

Seine blonde Lockenpracht, die strahlenden blauen Augen, der kurze Schnauzer. Er strahlte eine Ruhe und Gelassenheit aus, trotzdem brachte er seine Anliegen bestimmt vor. Er ließ auch in seinem freundlichsten Ton nie den geringsten Zweifel daran, dass er genau weiß, was er will und nichts unversucht lassen würde, um es auch zu bekommen. Mike hatte sich in der letzten Zeit ein paar Hemden gekauft.

Vor kurzem hatte ich ihn sogar dabei ertappt, dass er sich die Schaufensterauslagen in den Herrenmodegeschäften ansah. Das hatte es früher nicht gegeben. Ich zog ihn ständig damit auf.

Maurice kam zurück.

„Nun?"

„Ich habe mit der Heimleitung abgesprochen, dass Sophie erst einmal vier Wochen Urlaub bekommt, um zu sehen, wie sie sich eingewöhnt. Danach kann sie den Heimvertrag aufkündigen. Vorausgesetzt, Herr Clausen bekommt nicht die Vormundschaft."

„Und wenn es das Letzte ist, was ich tue, das wäre das Ende für die beiden."

Er nahm Sophie an die Hand. Sie löste bei allen einen Beschützerinstinkt aus. Man musste sie einfach lieb haben. Wir packten ein paar Sachen zusammen und fuhren heim.

Unsere anfänglichen Bedenken, dass Sophie weglaufen würde, zerstreuten sich bald. Sie blieb immer in der Nähe von Clara. Tippelte immer hinter ihr her und Clara lebte an ihrer Seite richtig auf.

Sophie stellte immer wieder etwas an, aber man konnte ihr einfach nicht böse sein. Sie flüchtete ihr schlechtes Gewissen dann in Vergesslichkeit, aber ich glaube, sie führte uns drei ganz schön an der Nase herum.

Clara erzählte ihr leise kurze Geschichten, manchmal glucksten und lachten sie wie ausgelassene Kinder. Wenn sie abends in ihrem Bett lagen, hörten wir oft ihren Blues. Sophie summte und Clara sang leise und klar.

Maurice kam nun auch oft an den Wochenenden, Anna und ich fuhren dann zu ihr in die Wohnung. Kaum waren wir dort, hatten wir das Bedürfnis, wieder zurückzufahren. So war selbst an den freien Wochenenden das Haus voller Leben. Wir hatten ja genug Platz. Clara und Sophie schien der Trubel nicht zu stören. Manchmal wurden sie richtig übermütig.

Anna und ich saßen abends beim Fernsehen, aneinander gekuschelt in eine Decke, als die beiden anfingen zu kichern. Sie saßen auf der Couch, die so riesig aussah, wenn die beiden darauf saßen. Baumelten mit den Beinen, sahen immer wieder zu uns herüber und kicherten. Wir mussten auch lachen. Die Situation war ja auch irgendwie grotesk. Sophie und Clara, Anna und ich, Maurice und Mike. Die „Villa Rosa".

Weihnachten stand vor der Tür. Clara und Sophie freuten sich wie die Kinder. Schnuppernd saßen sie in der Küche, naschten Teig aus der Schüssel und genossen die Vorbereitungen sichtlich. Seit Sophie im Haus lebte, machten Claras Gehversuche rasche Fortschritte. Sie war viel zu neugierig, um Sophie auch nur eine Minute alleine zu lassen.

Obwohl sie oft beide albern waren wie die Kinder, respektierte ich sie doch als erwachsene Personen. Es war ein liebevoller Respekt, den ich ihnen entgegenbrachte. Wir fuhren zusammen in die Stadt. Dick eingepackt in Wintersachen bummelten wir durch Hamburgs hell erleuchtete Straßen. Es war zwar sehr mühsam, wenn wir mit dem Rollstuhl in Geschäfte fuhren, aber wir ließen uns nicht entmutigen.

Wir kauften Weihnachtsgeschenke, aßen Lebkuchen, die beiden tranken am liebsten Glühwein und mit erhitzten Gesichtern und roten Nasen trat ich mit den beiden den Heimweg an. Anna brachte uns noch den versprochenen Tannenbaum vorbei. Sophie und ich hatten Weihnachtssterne gebastelt. Clara beobachtete unser Treiben.

Ein bisschen wehmütig war ich schon. Anna und Maurice würden Heiligabend mit ihren Familien feiern. Mike und ich mit Clara und Sophie. Wir saßen unter dem Tannenbaum und sangen gemeinsam Weihnachtslieder. Sophie summte die meiste Zeit. Mike zauberte seine Mundharmonika hervor. Clara und Sophie saßen staunend unter dem Weihnachtsbaum. Träumten in die bunten Lichter und hielten Händchen. Mike holte uns allen ein Glas Wein und so saßen wir dort und hingen, jeder für sich, seinen Gedanken nach.

Meine Gedanken gehörten heute Anna. Ich war jeden Tag aufs Neue dankbar, dass wir uns gefunden hatten. Wir harmonierten in vielen Bereichen. Aber ich glaube, das

Wichtigste war, dass wir beide an eine gemeinsame Zukunft glaubten und auch für sie lebten. Liebe sahen wir als das größte Geschenk. Wir brauchten uns nur Sophie und Clara anzusehen, um zu ermessen, wozu Liebe fähig war.

Clara hatte jetzt immer öfter das Bedürfnis, uns von Sophie zu erzählen. Dann hatte sie diesen seltsamen Glanz in den Augen, und Sophie hing an ihren Lippen und verschlang jedes Wort.

Ich wusste, dass ich mit Anna alt werden wollte. Plante Tage, Wochen, Monate. Anna amüsierte das.

Man hatte ihr vor kurzem einen Job in München angeboten. Sie hatte abgelehnt. Für sie war das keine Frage, ohne mich würde sie nicht gehen, ich nicht ohne Clara, Clara nicht ohne Sophie, Sophie nicht ohne Mike und Mike nicht ohne uns. So einfach war das in unserem Leben.

Wir vier zuckten zusammen. Das Türschloss. Mike sah mich an, ich ihn. Wir sausten beide zur Tür. Maurice und Anna. Beide hatten sich nach dem Weihnachtsessen davongestohlen. Es war ja auch schon nach Mitternacht. Nun konnte die Bescherung losgehen. Wir saßen alle erwartungsvoll vor dem Tannenbaum.

Maurice hatte Mike ein paar Jeans und T-Shirts geschenkt. Mike hatte Maurice ein gemeinsames Wochenende nach Paris versprochen. Clara und Sophie hatten sich Ringe geschenkt. Sophie liebte alles, was glitzerte.

Lange hatte Sophie vor den Schaufenstern gestanden. Immer wieder staunend auf die glitzernden Auslagen der Juweliere geschaut. Aufgeregt war sie immer wieder hin- und hergetippelt. Ich hatte für Anna Opernkarten besorgt. Mir graute jetzt schon davor, aber ich liebte sie, sie liebte Opern, da war ich hilflos. Anna hatte mir Konzertkarten für ein Rockkonzert geschenkt. Ich liebte Rockkonzerte, Anna liebte mich. Mit Anna wäre ich notfalls dreimal im Monat in die Oper gegangen. Ich konnte ihr einfach nichts abschlagen.

Die Festtage verflogen viel zu schnell. Sylvester stießen wir alle auf ein neues und erfolgreiches Jahr an. Nachdem wir Clara und Sophie am Neujahrsmorgen zu Bett gebracht hatten, zogen Anna und ich auf Szene. Mike und Maurice blieben zu Hause.

Bis in die frühen Morgenstunden tanzten wir ausgelassen und überglücklich. Mit Anna an meiner Seite war meine Welt in Ordnung. Verliebt sah ich sie an. Wir fuhren zum Hafen, stapften eng umschlungen durch den vermatschten Schnee. Was uns das neue Jahr wohl bringen würde? Schweigend gingen wir nebeneinander her. Anna erzählte mir später einmal, dass auch sie an diesem Morgen an unsere Beiden denken musste. Hoffentlich würde es auch für Clara und Sophie ein schönes Jahr werden.

Maurice klärte mit dem Heim, dass Sophie bei uns bleiben darf. Wir erhielten vom Vormundschaftsgericht eine Vorladung. Eine Anhörung im Fall von Sophie Claussen. Ich traf mich noch ein paar Mal mit Maurice, um Einzelheiten zu besprechen. Der Termin rückte unaufhörlich näher. Wir waren alle aufgeregt. Obwohl ich auch ganz schöne Angst hatte.

Was, wenn Herr Clausen die Vormundschaft für Sophie bekam?

Er würde sie von Clara wegreißen. Clara würde das nicht überstehen, und ich glaube, Sophie auch nicht. Wir beschlossen, alle gemeinsam dorthin zu fahren. Um fünfzehn Uhr waren wir an der Reihe. Herr Clausen würdigte uns keines Blickes.

Wir wurden gebeten, draußen zu warten, man würde uns hereinrufen. Endlich waren wir an der Reihe. Sophie war heute relativ ruhig. Sie wusste, dass es ein wichtiger Tag war. Sie wich mir und Mike nicht von der Seite. Clara saß in ihrem Rollstuhl. Aufrecht und stolz blickte sie in die Runde. Ihr Kampfgeist war erwacht. Hellwach und aufmerksam beobachtete sie jede noch so kleine Bewegung.

Zuerst befragte man Herrn Clausen. Verächtlich sah sie zu ihm hinüber. Der Zeiger der Wanduhr schien zu schleichen.

Aufmunternd nickten mir Anna und Maurice zu. Ich streichelte Sophie und Clara kurz übers Haar, raffte mich auf und erzählte nun von Clara und Sophie, was mich bewogen hatte, die Betreuung von Sophie zu beantragen. Den Missständen, die ich im Hause vorgefunden hatte, den Ungereimtheiten, was die ganze finanzielle Seite anbelangte. Dem Verhalten von Herrn Clausen. Seiner Gleichgültigkeit gegenüber Frau Claussen.

Er durfte sich sogleich zu den Vorwürfen äußern und irgendwie klang alles, was er sagte, auch plausibel.
Sophie musterte ihn ängstlich, Clara warf ihm vernichtende Blicke zu. Ich bat um Anhörung von Maurice. Man war bereit, Maurice anzuhören.

Er legte sich gut ins Zeug. Er hatte ein Attest von Dr. Petters vorgelegt, aus dem hervorging, in welch schlimmem Zustand sich Frau Bernstorf befunden hatte. Dr. Petters hatte auch die Zustände des Hauses beschrieben. Den bisherigen Krankheitsverlauf. Die Fortschritte, die Sophie und Clara gemacht hatten, seit sie wieder zusammen waren.

Er zeigte ruhig und geduldig auf, welche finanziellen Vorteile Herr Clausen bisher aus der hilflosen Situation der

beiden alten Damen gezogen hatte. Er habe sich schließlich in all den Monaten nicht einmal nach Frau Bernstorf
erkundigt.

Dann legte Maurice eine Kopie des Leibrentenvertrages
vor. Herr Clausen verlor ein wenig die Fassung, berief sich
aber schnell darauf, dass es wohl Überlegungen in dieser
Richtung gegeben habe, aber dieser Vertrag ja nie rechts-
wirksam geworden sei. Vom Testament habe er nichts gewusst, da wolle man ihm lediglich böse Absichten in die
Schuhe schieben. Mir läge sicher ja auch nur daran, einen
so lukrativen Job nicht zu verlieren.

Maurice legte eine Liste vor, aus der hervorging, welche
Summen ich von diesen Geldern ins Haus investiert hatte.
Über die Hälfte des Geldes war noch da. Ich hatte ja kaum
Zeit, diese wöchentliche Summe zu verbrauchen. Wir ver-
pflegten immerhin auch Sophie und Mike damit.

Maurice bat um eine Ortsbesichtigung, nur so könne man
sich schließlich einen genauen Eindruck von der Lebenssi-
tuation der beiden alten Damen machen. Man könne den
beiden doch nicht zumuten, Frau Claussen wieder ins
Sechsbettzimmer des Heimes zu stecken, Frau Bernstorf
somit alleine zu lassen.

Im Heim hätten die Pflegekräfte zwar nach allen Kräften
versucht, eine wohnliche Atmosphäre zu schaffen, aber
das war bei der Personalknappheit und den vorhandenen
Räumlichkeiten ein hoffnungsloses Unterfangen. Dort waren für vierzig Bewohner pro Schicht nur fünf Pflegekräfte
im Dienst, während Sophie und Clara von mir und Mike
zu zweit betreut wurden.

Die Pflegekosten für die beiden im eigenen Haus seien
auch wesentlich niedriger als die Heimkosten, die man für
beide aufbringen müsste. Vom seelischen Schaden gar

nicht zu reden.

Es war mittlerweile schon 17 Uhr. Seit zwei Stunden redeten wir uns die Köpfe heiß. Ich war froh, dass ich nicht diese Entscheidung treffen musste. Wem sollten sie auch glauben? Dem bekannten Hamburger Geschäftsmann mit bestem Wohnsitz oder unserem bunten Haufen?

Dann befragte der Richter geduldig Sophie, die vor lauter Aufregung immer hin und her tippelte. Leise redete sie auf den Richter ein. Holperig und doch bestimmt machte sie ihm klar, dass sie zu Hause bleiben würde. Und mit zu Hause meinte sie unmissverständlich Clara, Mike und mich. Nach einer kurzen Beratung wurde eine einstweilige Anordnung erlassen, in der ich zur vorläufigen Betreuerin bis zu sechs Monaten bestellt wurde. Dann beantragte Maurice, dass die endgültige Anhörung bei Sophie zu Hause durchgeführt werden soll.

Wir hatten einen kleinen Sieg errungen.

Es sollte noch vier weitere Monate dauern, bis wir Bescheid vom Gericht bekamen und uns der Anhörungstermin mitgeteilt wurde. An einem Donnerstag im April war es soweit. Anna hatte sich frei genommen. Der Richter, seine Protokollführerin und Herr Clausen trafen am frühen Nachmittag ein. Mit ernsten Gesichtern wurde das Haus besichtigt. Der Richter stellte ruhig und sachlich seine Fragen.

Herr Clausen begutachtete die Räume und zählte in Gedanken sicher schon die Summen zusammen, die mit dieser Immobilie zu erreichen sei.

Nur Sophie und Clara ließen sich vom Trubel nicht stören. Sie aßen ihr Abendbrot, dann brachte ich die beiden zu Bett. Anna hatte ein paar Schnitten gemacht. Mike bat uns ins Wohnzimmer. Er machte den Fernseher an und schob ein Video ein. Fragend sahen wir ihn an. Mit einem lauten Knacken setzte sich der Rekorder in Bewegung. In Sekunden herrschte betretenes Schweigen.

Mike hatte den Film der letzten Monate zusammen geschnitten. Bilder, die beschämten. Den erbärmlichen Zustand von Frau Bernstorf, den katastrophalen Zustand des Hauses. Ihre ersten Gehversuche, die hilflosen Augenblicke, in denen sie sich unter die Decke verkroch wie ein verwundetes Tier.

Unsere kleinen Ausflüge. Die ersten Wochen, in denen Sophie bei uns wohnte. Ihre gemeinsamen Stunden mit Clara, die Spaziergänge. Sophie, die tanzend und tipppelnd durch den Film sauste. Weihnachten unterm Tannenbaum mit Maurice, Anna, Mike und mir. Der Film sprach Bände, auch ohne große Worte.

Wir wurden unterbrochen. Sophie war aus dem Bett gekrochen, hatte Mike an der Hand genommen und die beiden waren in ihrem Zimmer verschwunden. Mit einem lauten Knacken stoppte der Rekorder nach einer Stunde. Stille stand im Raum. Beklommene Stille. Dieser Film hatte all die letzten Monate wieder in uns aufgewühlt. Umso absurder kam uns die Forderung von Herrn Clausen vor, die Betreuung von Sophie übernehmen zu wollen. Was wusste er von Sophie, von Clara? Nichts!

Der Richter drehte sich zu Anna und mir herum.

„Was ist das?"

Wir lauschten alle. Anna lächelte.

„Das sind Clara und Sophie. Sie singen ihren „Blues in rosé" mit Mike."

Ungläubig sahen die beiden uns an. Ich erhob mich und winkte sie zu mir. Wir gingen leise in den Flur und durch die leicht geöffnete Tür konnten wir die Drei sehen.

Mike saß auf dem Bettrand und spielte Mundharmonika. Clara und Sophie lagen händchenhaltend im Bett. Sophie hielt die Augen geschlossen und summte, während Clara hell und klar sang.

Als wir den Richter und seine Kollegin zum Wagen brachten, hätte ich schwören können, in seinen Augen blitzen kleine Tränen. Wir schauten dem Wagen nach, bis er um die Ecke bog.

Herr Clausen ging grußlos an uns vorbei und verschwand. Anna nahm mich in den Arm. Lange standen wir dort schweigend, bis Mike nach uns rief. Als wir am Zimmer von Clara und Sophie vorbeikamen, sahen wir noch einmal kurz nach den beiden. Als wir die beiden dort so friedlich schlafen sahen, wussten wir, die Liebe der beiden hatte gesiegt.

Ein paar Wochen später kam ich vom Einkaufen zurück, als Mike mir schon wild fuchtelnd auf der Straße entgegenkam. Der Brief vom Vormundschaftsgericht. Noch auf der Straße riss ich ihn auf und las ihn laut vor. Mike und ich tanzten vor Freude einen Walzer auf dem Gehweg, als Anna uns laut hupend aufschreckte. Sie kurbelte das Fenster runter und sah uns kopfschüttelnd an.

„Was ist denn in Euch gefahren?“

Ich fuchtelte mit dem Brief vor ihrer Nase herum.

„Dreimal darfst du raten.“

Ich sauste ins Haus, Mike hinterher und außer Puste kamen wir alle drei ins Wohnzimmer, wo Clara und Sophie Musik hörten. Mike stellte die Musik leise. Die beiden sahen uns groß an, unsere Gesichter sprachen Bände. Anna schubste mich. Nun lies schon.

Und ich verlas den Beschluss des Gerichtes, der mich zur Betreuerin von Sophie Claussen bestellte. Ich musste mich verpflichten, eine genaue Vermögensaufstellung zu machen und einmal jährlich die Unterlagen dem Gericht zur Vermögensprüfung zur Verfügung zu stellen. Clara und Sophie sahen uns strahlend an.

Gleich nach dem ersten Gerichtstermin hatte Clara mir Vollmachten erteilt, damit sie und Sophie nicht wieder auseinander gerissen werden konnten. Dieser Tag musste gefeiert werden. Wir fuhren alle fünf zum Hafen ins Fischrestaurant. Dort würden wir auch Maurice treffen, den Mike gleich angerufen hatte.

Wir hatten in den nächsten zwei Jahren eine Menge Spaß mit den beiden. Sophie sorgte mit ihrer quirligen Art ständig für Trubel. Nur, wenn wir abends alle zusammen saßen, und Clara uns mit leiser Stimme von ihrem gemeinsamen Leben erzählte, saß Sophie ganz still. Hing gebannt an Claras Lippen. Suchte oft ihren Blick und liebevoll sahen sie sich an. Aber auch wir waren immer wieder gefangen von Claras Erzählungen. Sie entführte uns dann immer in eine uns fremde Zeit. Wir wussten nichts vom Krieg, den schrecklichen Ausbombungen. Clara und Sophie hatten diese grausamen Zeiten überstanden. Clara war auf einen Hof in Schleswig Holstein ausquartiert worden. Sophie arbeitete dort und so hatten sie sich kennengelernt. Sich nicht wieder aus den Augen verloren. Auch Claras Hochzeit änderte an ihrer Freundschaft nichts.

Nachdem Claras Mann schon kurz nach der Hochzeit gefallen war, wurde die innige Freundschaft der beiden noch enger. Als Clara nach Kriegsende wieder nach Hamburg zurückkehren wollte, waren sie unendlich traurig. Sie schrieben sich lange und schwermütige Briefe. Erst Monate später gestanden sie sich ihre Liebe, und Sophie zog nach Hamburg.

Clara hatte Arbeit in einer Fabrik gefunden und hielt sie beide monatelang über Wasser. Sophie musste damals schon ein rechtes Schlitzohr gewesen sein. Sie tummelte sich auf dem Schwarzmarkt und handelte mit allem, was tauschbar war.

So kamen sie in den ersten Nachkriegsjahren mehr schlecht als recht über die Runden. Aber Clara beteuerte immer wieder, dies seien die schönsten Jahre gewesen. Sie waren aufeinander angewiesen und konnten sich rückhaltlos auf einander verlassen.

Später fand Clara Arbeit in einem Büro und arbeitete sich zur Bürovorsteherin hoch. Sophie schlängelte sich so durch.

Nachdem die Schwarzmarktgeschäfte vorbei waren und die Wirtschaft langsam bergauf ging, brachte Sophie ihren kargen Lohn, den sie im Hafen verdiente, auf die Rennbahn. Sie spielte mit Leidenschaft und zur Verzweiflung von Clara. Auf Claras Vorhaltungen sagte sie immer nur, sie habe eine Ahnung und irgendwann sei sie an der Reihe. Man müsse nur Geduld haben.

So trug sie den Wochenlohn nach Hause, teilte ihn in zwei Teile und mit ihrem Anteil verschwand sie auf der Rennbahn. Sie spekulierte mit kleinsten Einsätzen und bekam so ein kleines Vermögen zusammen. Auch Clara hatte sie manchmal überreden können, einen Einsatz zu wagen, aber nachdem Clara mehrfach ihren gesamten Einsatz verloren hatte, sah sie lieber Sophie zu, die eine glückliche

Hand zu haben schien.

Sie wohnten zu dieser Zeit in einer kleinen Einzimmer-
wohnung und träumten von einem Vollbad, einem weiteren Zimmer und einem kleinen Balkon. Vielleicht mal eine
Reise machen. Ans Meer. Nur kleine Träume, die greifbar
waren, begleiteten sie durch ihr Leben.

An einem Sonntag im April kam für die beiden die große
Wende. Sophie faselte den ganzen Morgen schon von einem großartigen Gefühl. Heute sei der Tag gekommen, ihr
großer Tag. Clara hatte keine Chance gegen Sophies Be-
geisterung und so waren sie schon kurze Zeit später wieder
auf der Trabrennbahn. Aus ihrer Schwarzmarktzeit unter-
hielt Sophie immer noch zahlreiche recht zweifelhafte
Kontakte. Sie setzte ihr gesamtes Vermögen auf einen ge-
heimen Tipp hin auf einen Außenseiter und gewann.

Sophie strahlte immer noch, wenn Clara davon erzählte.
Clara erzählte immer wieder, wie sie das viele Geld abhol-
ten und sich auf dem Nachhauseweg immer wieder um-
drehten, weil sie Angst hatten, überfallen zu werden.

Sophie spielte danach nie wieder, aus Angst, ihr Schicksal
zu sehr herauszufordern. Dieses Geld war der Grundstein
für den Sonnenauredder Nummer sieben. Noch heute war
das Wetten Sophies liebste Beschäftigung.

Manchmal fuhren wir auch mit den beiden auf die Trabrennbahn. Sophie bekam dann einen seltsamen Blick, den
wir insgeheim den Jagdinstinkt getauft hatten. Mike setzte
ab und an mal ein paar Mark für sie, und meistens gewann
sie. So entkräftete sie immer wieder unsere Argumente,
dass dies ein schlechtes Geschäft sei. Ich konnte mir so
ungefähr vorstellen, wie es Clara gegangen sein musste, als
Sophie an jenem Sonntag ihr gesamtes Vermögen gesetzt
hatte.

Sophie bekam Arbeit in einer Wandsbeker Schokoladen-
fabrik und jeden Tag machte sie sich mit dem Fahrrad auf
zur Frühschicht. Später kauften sie sich beide einen Roller
und machten zusammen die Umgebung unsicher. Fuhren
oft ans Meer, und ich glaube, die beiden hatten eine schöne Zeit. Sie erzählten auch beide oft von dem Bauernhof,
auf dem sie sich beide kennengelernt hatten, so beschlossen Anna und ich, mit den beiden auf die Spuren ihrer
Vergangenheit zu gehen.

Im Frühjahr wollten wir mit den beiden in Urlaub fahren.
Im Winter wurde Clara von einer schweren Grippe heim-
gesucht und erholte sich nur langsam davon. Da Sophie
ständig nach ihr sah, steckte sie sich an und so konnten wir
dann beide pflegen. Das ganze Haus roch nun ständig
nach Medizin und Kräutern.

Im März war es dann endlich soweit. Maurice und Mike
würden sich ums Haus kümmern und Anna und ich mit
Sophie und Clara verreisen.

Es sollte ihre letzte Reise werden.

Als wir in das Dorf kamen, im tiefsten Schleswig Holstein,
konnten wir viele Häuser von den Fotos wiedererkennen.
Die langen, von hohen Bäumen eingerahmten Straßen.
Diese flachen, endlos scheinenden Weiten.

Hier schien die Zeit stehen geblieben zu sein. Holperiges
Kopfsteinpflaster wand sich zwischen den Häusern durch.
Gänse und Hühner liefen frei herum. Irgendwo in der
Ferne jaulte ein Hund. Wir fragten nach dem Gut Jansen.

Durch eine lange Baumallee fuhren wir auf einer gut as-
phaltierten Straße auf das Gut zu, das uns geradezu majes-
tätisch erschien. Rund um den großen gepflasterten In-
nenhof, den man mit großen hölzernen Toren verschlie-

ßen konnte, standen in Hufeisenform die Gebäude. Reetdächer, die im farblichen Kontrast zu den weiß getünchten Gebäuden standen.

Es hatte sich nicht viel verändert. Die Fahrzeuge waren moderner als auf den Fotos, aber die Gebäude waren liebevoll restauriert. Wir hatten vor unserer Abreise mit den Jansens telefoniert, und da sie Gästezimmer hatten, hatten wir uns gleich für zwei Wochen einquartiert.

Das Ehepaar Jansen kümmerte sich rührend um Clara und Sophie, erzählten ihnen von den Jahren nach dem Kriegsende und vielen Anekdoten aus der Kriegszeit. Selbst gebrannter Schnaps machte die Runde, dazu gab es hausgemachte Wurst und Kräuterbrot. Leicht beschwipst brachten wir die beiden alten Damen zu Bett.

Am frühen Morgen standen Anna und ich senkrecht im Bett. Der Hahn tat nur seine Pflicht, aber musste das morgens um halb sechs sein? Ich kuschelte mich wieder an Anna und schlief kurze Zeit später wieder ein. Gegen sieben klopfte es an unserer Tür. Sophie wollte raus und war schon ungeduldig. So stand ich auf und half ihr beim Anziehen. Dann ging ich mit ihr spazieren.

Sie plapperte unaufhörlich, in der Vergangenheit war Sophie zu Hause, da kannte sie sich aus. In den letzten Monaten war sie immer verwirrter geworden. Sie brachte vieles durcheinander. Ihr Kurzzeitgedächtnis ließ sie immer öfter im Stich, aber in der Vergangenheit, da lebte sie förmlich auf.

Dies hier war ein wichtiger Teil ihrer Vergangenheit. Hier hatte sie Clara kennengelernt, hier hatten sie den Krieg überlebt, trotz des Krieges unbeschwerte Tage verbracht. Sie hatte hier Felder bestellt, sie erinnerte sich an jeden Weg, als sei sie gar nicht weg gewesen. Hungrig machten wir uns lange Zeit später auf den Heimweg.

Die Tage hier draußen verflogen viel zu schnell. Wenn die Jansens mit Clara und Sophie abends zusammen saßen und in ihren Erinnerungen schwelgten, saßen Anna und ich meist staunend daneben.

Uns trennten Generationen. Manchmal spielten wir ein Spiel mit den beiden, das wir Zeitreise nannten. Derjenige, der an die Reihe kam, musste etwas nennen, das zu seinen Lebzeiten erfunden wurde oder geschehen war. Anna und mir fiel nicht viel ein. Clara und Sophie konnten endlos aufzählen. Meist blieben sie dann bei einem Thema stecken. Erzählten uns ihre Anekdoten. Anna und mir fielen nur Sachen ein wie CD, Computer, Mondlandung, Mikrowelle. Die beiden schwelgten, wenn sie aufzählten: Autos, Waschmaschine, Radio, Fernseher, Flugzeuge, Heizung, Strom, Telefon...

Wir zählten auf: Tschernobyl, der Mauerfall, Nelson Mandela, Jugoslawien, Afghanistan, Kuba. Sie zählten uns vor, dass sie bis heute sieben Bundespräsidenten erlebt hätten. Alle Schauspieler der großen Garde stammten aus ihrer Zeit. Wir hatten da nicht viel entgegenzusetzen.

Aber wir lernten eine Menge voneinander und erfuhren mehr, als uns je Geschichtsbücher hätten vermitteln können. Wir entdeckten immer wieder einen krassen Unterschied zu unserer Zeit. Manchmal bekamen wir richtig Lust, uns in ihre Zeit zu versetzen.

Den beiden erschien es so, dass sich heute die jungen Leute beschäftigen ließen, immer weniger in der Lage waren, Geduld aufzubringen, dadurch immer fordernder, aber auch gleichzeitig entmutigter wurden.

Wie sollte man jemandem das Sparen, das sich lange auf

eine Sache freuen zu können beibringen, wenn alle anderen, die sich der Kredite und Leasingangebote bedienten, es leichter zu haben schienen?

Clara sagte oft, dass der fortschreitende Zusammenbruch der Wirtschaft die Menschen wieder aufeinander zu bewegen würde. Man müsse sich wieder unterhalten, zusammenhalten. Aber es würde lange dauern, bis dieser Umbruch da sei.

„Im Luxus lernst du deine Neider kennen, in der Not deine Freunde.“

Zum Teil gab ich ihr da recht.

Clara und Sophie hatten nach dem Krieg immer das Bedürfnis, zielstrebig nach vorne zu leben. Sie hatten sich immer auf die Zukunft gefreut. Sie waren neugierig auf jeden neuen Tag.

Themen wie: Spiel nicht im Regen, denn da war mal Tschernobyl. Geh nicht so lange in die Sonne: Krebs. Fahr nicht mit dem Auto: Ozonalarm. Iss dies nicht, iss das nicht. Schwimm nicht im Meer: Algen. Die Reizüberflutung durchs Fernsehen mit den täglich neuen Schreckensmeldungen. Nein, das war nicht die Zeit von Clara und Sophie.

Auch ich kann mich gut daran erinnern, dass ich als Kind in den Regenpfützen tanzte, die sich auf der Terrasse bildeten. Der Sonntagsbraten war der absolute Höhepunkt der Woche. Stundenlang in der Sonne tummeln, im Meer baden. Unsere Kindheit teilte sich in Jahreszeiten.

Am Anfang des Jahres bereiteten wir uns auf Karneval vor, brauchten Kostüme, tüftelten an Reden. Dann kam Ostern, wir bemalten Ostereier in vielen bunten und schrillen

Mustern.

Dann kam der Sommer mit seinen langen Sommerferien. Man schmiedete Reisepläne. Wir arbeiteten in den Feldern, verdienten uns ein paar Mark bei der Kirschernte. Fütterten in der Mittagspause Hühner und Schweine und fielen abends erschöpft ins Bett. Mit einer alten Karre sammelten wir Pfandflaschen, Altpapier und Alteisen. Für das Kilo gab es so um die 3 Pfennig. Drei Wochen verreisten wir alle irgendwohin.

Viel zu schnell stand schon der Herbst vor der Tür. Wir bauten Drachen, jedes Jahr schriller und größer. Jagten durch abgeerntete Kartoffelfelder und ließen sie im Himmel tanzen. Sammelten Eichenblätter und Eicheln, später Kastanien, um daraus witzige Figuren zu basteln. Bauten Papierschiffe, um sie in Herbstpfützen schwimmen zu lassen.

Dann kam die aufregendste Zeit des Jahres. Wir bastelten Weihnachtssterne, Strohsterne, bunte Sterne. Kekse wurden gebacken, Geschenke gebastelt. Es war die Jahreszeit der kleinen Geheimnisse. Nach Weihnachten kam Sylvester. In bunten Kostümen tanzten wir ausgelassen und wild, und mit einem Glas Sekt tranken wir uns einen kleinen Rausch an. Wie selbstverständlich nahmen wir diese Dinge damals hin.

Diese kleinen Augenblicke des Glücks, die das Leben so lebenswert machten. Heute, wo alle im „Staate Nimm" leben wollen, Kinder nicht mehr in der Sonne baden und in Pfützen tanzen sollen. Woher soll da das Vertrauen ins Morgen kommen? Heute, wo der Krieg wieder so nah ist und Raubüberfälle so alltäglich, wie abstrakt erscheinen uns die alltäglichen Spiele, mit denen wir uns als Kinder die Zeit vertrieben hatten. Die Ritterburg, das Westernfort, auf denen wir mit den Nachbarkindern wilde Schlachten austrugen.

Das Geld für die Frühstücksbrötchen und die Milch steckte in der ganzen Nachbarschaft in blauen Plastikbehältern,
die vor der Türe standen. Wenn es das Wetter zuließ,
stromerten wir den ganzen Tag durch Wald und Wiesen.
Naschten Obst vom Feld, mopsten Mais oder Kartoffeln,
bauten abenteuerliche Holzhütten, die meist über uns zu-
sammenbrachen. Das Wort Langeweile schien uns fremd
zu sein, nur Zeit, die fehlte uns meist. Mir schien, dass ich
jeden Tag viel zu früh ins Bett geschickt wurde. Mit der
Taschenlampe wurde dann heimlich unter der Bettdecke
weiter gelesen und man träumte sich durch die Nacht. Wie
unbekümmert erscheint mir das heute.

Für Clara und Sophie hatte ich von der Familie Jansen einen Stapel Rezepte aus der damaligen Zeit geschenkt bekommen. Ich hatte meine gesamten Kochkünste umge-
stellt, seit ich Clara kannte. Mit Hamburgern konnte ich sie
nicht begeistern. Sie liebte deftige Hausmannskost, auch
Anna und ich waren mittlerweile verwöhnt. Ich hatte ja
auch viel Zeit, mich in der Küche zu entfalten und mit Sophie und Mike dankbare Abnehmer. Jeden Sonntag gab es
einen Kuchen, weil Sophie darauf bestand. Ich glaube, sie
wollte nur immer Teig naschen. Da war sie sich mit Mike
einig. Meist saßen die beiden dann am Küchentisch und
lauerten darauf, die Schüssel auslecken zu dürfen. Ich
konnte Sophie nichts abschlagen.

Bei den Jansens gab es für Clara und Sophie jede Menge zu
sehen. Die Jansens führten noch einen richtigen Hof. Kü-
he, Schweine, Schafe, Ziegen. Gänse, die den Hof bewach-
ten.

Auch hier hatte die Technik Einzug gehalten. Es gab
Melkmaschinen, riesige Mähdrescher. Ich fuhr abends mit
Herrn Jansen noch auf die Felder. Mich faszinierte das. Als

mich Herr Jansen fragte, was ich ändern würde, wenn ich dürfte, hatte ich gleich etwas parat. Ich würde den Hahn verkaufen. Wenn Herr Jansen abends seine Runde drehte, plante er seinen nächsten Arbeitstag. Das Wetter und die Natur waren seine Uhr und sein Arbeitgeber.

Nach einer dieser abendlichen Kontrollfahrten saßen wir noch beisammen und sprachen über das Leben und den Tod. Da konnte ich noch nicht ahnen, wie nah wir ihm waren. Clara sprach in den letzten Wochen oft über die letzte Reise, wie sie es nannte. Sie hatte nur Angst, Sophie alleine zurückzulassen. Vor ein paar Wochen hatte ich sie zu einem Notar bringen müssen. Eine Stunde später holte ich sie wieder ab. Sie gab mir einen Umschlag zur Verwahrung, sprach aber nie wieder darüber.

Sie wirkte in den letzten Wochen immer zerbrechlicher. Das freche Grinsen, das faltige Gesicht, die verschmitzten Augen. Sie konnten aber nicht darüber hinwegtäuschen, dass ihr langsam viele Dinge große Mühe bereiteten. Sie war zwar für ihre dreiundsiebzig noch hellwach, sehr wach, aber die körperlichen Kräfte ließen nach.

Sie hatte mit Sophie vor kurzem eine romantische Feier veranstaltet. Sie kannten sich genau 50 Jahre. Beide hatten sich Kartoffelsuppe für diesen Abend gewünscht. Hatten sich im Garten alte Holzstühle aufstellen lassen und Kerzen aufgestellt.

Anna, Mike und ich beobachteten die beiden lange, wie sie dort saßen, dick eingemummelt in Decken, Kartoffelsuppe löffelten, Tee mit Schuss tranken und in die Nacht träumten.

Als wir abends zusammen saßen und Clara und Herr Jansen über den Tod sprachen, wusste ich noch nicht, wie viel Kraft ich später aus diesem Gespräch schöpfen sollte.

Herr Jansen war der Meinung, dass wir alle zwar bereit seien, das Leben zu akzeptieren, aber der Tod sei doch mit dem Zeitpunkt der Geburt ein Thema. Das Einzige, was mit der Geburt sicher sei, sei die Tatsache, dass wir sterben werden. Nur der Zeitpunkt, das wie und wo sei eine Frage. Der Tod selbst doch nicht. Er hatte recht, aber wer denkt schon gerne darüber nach?

Er wurde hier draußen mit dem Kreislauf der Natur ständig konfrontiert. Er züchtete Schafe, Ziegen, Gänse. Er wusste, wenn er sie auf dem Markt verkaufte, dass sie dem Ende ihres Lebens sehr nah waren. Jede Blume, die wir uns in die Vase stellten, jeder Tannenbaum, den wir fällten. Gingen wir mit dem frühen Tod nicht sehr großzügig um? Wir konnten seine Argumente nicht entkräften. Wie auch? Nur unseren eigenen Tod verdrängten wir alle.

Clara entgegnete ihm, dass sie auch nicht gerne sterben möchte, aber dass sie dazu bereit sei. Sie habe keine Angst vor dem Tod, nur vor dem wie. Trauern würden doch die, die zurückbleiben, nicht die, die gehen.

Sie habe ihr Leben gelebt, fünfzig Jahre mit Sophie wären ein Geschenk, das man dankbar annehmen sollte. Die letzten vier Jahre mit uns. Das Glück mit Anna und mir, mit Maurice und Mike, die Jugend im Haus zu haben, teilhaben zu dürfen an den Träumen anderer, nicht ausgeschlossen zu sein aus dem Leben. Sie blicke auf ein erfülltes Leben zurück. Sie habe nicht ein Leben lang geträumt, sondern ihre Träume gelebt. Habe sich nie den Ungerechtigkeiten, die Sophie und ihr begegnet waren, gebeugt. In ihrer gemeinsamen Liebe waren sie stark geworden und diese Liebe würde sie mit auf ihre letzte Reise nehmen.

Frau Jansen erzählte uns die Geschichte von dem Soldaten Hans, den sie hier auf dem Gut gepflegt hatten. Der, so jung er damals war, von tiefer Traurigkeit schien. Wie so

viele war er damals eingezogen worden, aufgefordert, sein
Vaterland zu verteidigen. Sein Elternhaus war Bomben
zum Opfer gefallen und seine über alles geliebte Schwester
war schwer verletzt aus den Trümmern geborgen worden.
Sie starb kurze Zeit später an den schweren Verletzungen.
Sein Vater war im Krieg gefallen. Seine Mutter ging oft mit
ihm den weiten Weg ins Hospital. Die Medikamente waren
knapp, die Ärzte maßlos überfordert, seine kleine Schwester konnte den Kampf ums Überleben nicht gewinnen.

Damals sprach eine alte Frau am Nebenbett oft mit den
beiden. Er fand Trost in ihren Worten, wenn sie ihre Geschichten erzählte.

Der Tod, sagte sie, sei eine Reise in eine schöne, bunte
Welt, in der Kriege und Unfrieden keinen Platz hätten,
weil es kein Eigentum gäbe. Man würde dort oben im hel-
len Blau unter den gelben Sonnenstrahlen tanzen und auf
kleinen weißen Wolken reisen.

Seine Mutter zerbrach am Tod der Kleinen und sein junges
Herz war voller Hass. Auch er schoss Bomben, weit und
hoch.

Das Unglück, das er anrichtete, bekam er ja nie zu Gesicht.
Er schoss ja weit und hoch. Es schien, als jage er mit jedem Schuss Tränen und Trauer in die Welt. So zog er mit
anderen jungen Soldaten weiter und sie zerstörten, was
sich ihnen in den Weg stellte.

Eines Tages stürmten sie einen kleinen Ort, den sie vorher
ausgebombt hatten. Zogen johlend und triumphierend
durch die ausgebombten Straßen. Als er an einem zerstörten Haus vorbeizog, schien ihm, als sähe er durch Mauer-
brocken einen Lichtschein flackern. Er suchte seinen Gegner und fand ihn. Im Keller unter Trümmern begraben
fand er ihn, den Triumph seiner Taten.

Ein kleiner Junge mit staubverdrecktem Gesicht stand dort. In abgerissenen, schmutzigen Kleidern. Tränen hinterließen weiße Spuren in seinem hilflosen Gesicht. Anklagend sah er ihn an. Die blonden Haare waren blutverschmiert.

Neben ihm, unter Trümmern begraben, lag seine tote Mutter. Eine Kerze warf flackernd ein wenig Licht auf diese bizarre Umgebung. Das Blau der verzweifelten Augen traf ihn tief im Herzen.

Dieser durchdringende Blick ließ ihn für einen Moment taumeln, unachtsam werden. Für einen Augenblick verschwamm alles vor seinen Augen, und er glaubte, sich selbst dort zu sehen, neben seiner kleinen Schwester. Was hatte er getan? Er tötete Mütter und Kinder, Brüder und Schwestern!

Dieser Kleine dort, der kaum älter als fünf sein konnte, der nicht verstand, was um ihn herum geschehen war. Dem er die Mutter genommen hatte, die der kleine Sohn selbst jetzt, im Augenblick des Todes, noch verteidigte. Es beschämte ihn.

Was war aus ihm geworden? Diesem liebenswerten Bruder seiner kleinen Schwester. Die immer so stolz auf ihn war. Hass schrie ihm aus dem staubigen und verweinten Gesicht stumm entgegen. Er senkte sein Gewehr, das er bis eben auf den Buben gerichtet hatte.

Stumm sah er auf ihn herab, mit hängenden Schultern stand er kraftlos vor den beiden. Er wehrte sich nicht, als der kleine Junge mit zittrigen Händen den Revolver aus dem Staub hob und auf ihn zielte. Der laute Knall war das Letzte, was ihn erreichte, bevor die Kugel ihn traf.

Auf dem Gut Jansen stellte man damals keine Fragen.

Flüchtlinge, Verwundete, Waisen, alle wurden aufgenommen und verpflegt.

Auch als man den siebzehnjährigen Hans zu ihnen aufs Gut brachte, stellte man keine Fragen. Er musste an Krücken gehen, die Kugel des kleinen Jungen hatte sein Knie zerschmettert. Jeden Morgen humpelte er den langen Weg vom Gut bis zum offenen Feld und dort stand er dann. Lehnte an seinen Krücken und sah in den Himmel. Hielt Ausschau nach den Tagen, an denen der Himmel blau war, die Sonne gelbe Strahlen auf kleine weiße Wolken warf. Und dann hielt er Zwiesprache mit seiner kleinen Schwester, die auf einer dieser kleinen, tanzenden weißen Wolken an ihm vorüberzog. Nach dem Krieg wurde er Arzt und blieb hier im Dorf. Dem kleinen Jungen war er nie wieder begegnet.

Herr Jansen erzählte uns von Sophie und ihrer ersten Begegnung mit den Hühnern. Als Sophie auf den Hof kam, war Herr Jansen selbst noch sehr jung. Er hatte schnell einen Narren an der wilden Sophie gefressen. Wo Sophie war, war immer etwas los. Jedes Chaos hatte einen Namen: Sophie.

Nur vor Mathilda hatte Sophie großen Respekt. Mathilda war eines der Hühner. Jeden Mittag musste Sophie in den Hühnerverschlag und die Eier holen. Dann wurden die Hühner gefüttert. Mathilda konnte Sophie wohl nicht recht leiden. Entweder saß sie im Holzschuppen und verteidigte lautstark die Eier, bis Sophie sie wütend mit einem Besen verscheuchte, oder sie überfiel Sophie schon gleich auf dem Weg zum Schuppen. Das große karge Gehege war mit einem Maschendrahtzaun umgeben. Sophie brauchte mit dem Futtereimer zehn lange Schritte bis zum Trog.

Kaum hatte sie die Pforte geschlossen, stürzte Mathilda, wenn sie nicht im Stall lauerte, auf sie zu und sprang auf den Eimer, um dann in Sophies Hände zu hacken. Der Eimer war an jenem Tag, der Sophie auf dem Gut und im Dorf berühmt machen sollte, bis zum Rande gefüllt. Essensreste, Kartoffelschalen und Wasser, gemischt mit ein paar Körnern. Eine übel riechende, klebrige Masse, die oft über den Rand schwappte. Sophie hasste diese Aufgabe. Als Mathilda an diesem Tag auf sie zujagte und mit einem Satz auf den Eimer sprang, schnappte die wütende Sophie sie todesmutig am Hals und stopfte sie kopfüber in den Eimer. Man sah nur noch die Beine von Mathilda aus der klebrigen Masse strampeln.

Da alle von Sophies täglichem Kampf mit dem Huhn wussten, standen auch an jenem Tag wieder alle um das Gehege herum. Laut johlend wurde das Schauspiel bedacht. Sophie machte noch drei große Sätze auf den Trog zu und schüttete den Inhalt des Eimers mitsamt der strampelnden Mathilda hinein. Seit dieser Zeit hatte sich Sophie bei Mathilda einen Riesenrespekt verschafft. Aber auf dem Hof fehlte allen dieser tägliche Auftritt der beiden.

So schwelgten wir jeden Abend in Erinnerungen und die zwei Wochen neigten sich ihrem Ende. Morgen Abend würden wir abreisen. Heute war unser letzter Abend, und ich machte noch einmal eine Runde mit Herrn Jansen. Wir waren mit den Fahrrädern unterwegs, weil er ein paar Zäune kontrollieren wollte. Es wurde wärmer und die Heidschnucken sollten die Weide wechseln.

Plötzlich hob er die Hand und hielt inne. Lauschte in den Abend. Sah zum Hof, wo jemand im offenen Schuppenfenster stand und eine rote Lampe schwenkte. An seinem Gesicht sah ich, dass dies nichts Gutes heißen konnte. Mit ernstem Gesicht nahm er eine Taschenlampe aus der Fahrradtasche und schwenkte sie. Dann fuhren wir zurück. Auf der Anhöhe konnten wir sehen, wie sich ein Wagen mit irrem Tempo auf das Gut zubewegte. Auf dem Dach blinkte ein gelbes Licht rhythmisch auf, das gespenstisch zwischen den Bäumen aufflackerte. Ein Arzt auf dem Weg zum Gut.

Wir traten beide in die Pedale, als sei der Leibhaftige hinter uns her. Querfeldein rasten wir auf das Gut zu. Anna kam uns entgegengelaufen. Sie hatte Tränen in den Augen. Noch während der Fahrt sprang ich vom Rad und ließ es alleine weiterrasen. Scheppernd schlug es ein Stück weiter zu Boden.

Zu dritt kamen wir ins Haus gelaufen, als uns der Arzt entgegenkam. Völlig außer Puste blieben wir vor ihm stehen. Er sagte uns ruhig und sachlich, dass Clara einen Herzanfall hatte, Frau Jansen sei bei ihr. Sie wolle aber unter keinen Umständen in ein Krankenhaus. Dieser Herzanfall sei aber ein Vorbote, sie würde sterben, wenn wir sie nicht dazu bewegen würden, sich ins Krankenhaus einweisen zu lassen.

Herr und Frau Jansen unterhielten sich noch lange Zeit mit dem Arzt, der sich vorsichtig an seinen Krücken fortbewegte. Es war Hans, den sie gepflegt hatten, als er seinen Lebensmut verloren hatte und der sich den Jansens noch heute sehr verbunden fühlte. Er hinterließ uns eine Rufnummer für seinen Europieper, mit dem er jederzeit und überall erreichbar war.

Anna und ich stürmten die Stufen hoch und standen vor Claras Zimmer. Leise traten wir ein. Sophie saß an ihrem Bett und streichelte Clara unaufhörlich die erhitzen Wangen. Anna ging nach unten und rief zu Hause an. Mike und Maurice versprachen, sofort zu kommen. Auch sie wollten Abschied von Clara nehmen. Sophie hing am meisten an Mike. Er würde ihr helfen können. Ich blieb die ganze Nacht bei Clara. Sophie schlief irgendwann völlig erschöpft auf meinem Schoß ein. Mit einem Mal geriet mein ganzes Leben aus den Fugen. Ich sah Sophie an, dann Clara.

Wie oft hatte ich schon an ihrem Bett gesessen, sie gewaschen, ihre Wunden gepflegt. Wir hatten zusammen geträumt, zusammen gelacht. Ich hatte ihr Bett gerichtet, ihre Kissen geschüttelt. Ihr Essen gemacht, sie gefüttert an Tagen, an denen es ihr schlechter ging. Ihre Hand gehalten, sie getröstet, wenn sie keinen Mut mehr hatte. Clara ging es damals so schlecht und doch hatte sie nie geklagt, sie war so tapfer. Wir hatten ihre Blumen gehegt. Wie reich hatte sie uns in den letzten vier Jahren beschenkt mit ihrer Weisheit, uns beglückt mit ihrem Lächeln. Und nun saß ich hier und fühlte mich so leer. Ausgebrannt und leer.

Konnten wir sie zwingen, nun in ein Krankenhaus zu gehen, wo man sie unter allen Umständen am Leben halten würde? Welchen Preis würde sie dann zahlen müssen? Dieser Preis wäre auf jeden Fall zu hoch. Hatten wir nicht die Pflicht, sie ihre letzte Reise in Frieden antreten zu lassen? Ich glaube schon. Wir hatten oft über das Leben und den Tod gesprochen. Wir hatten diese Themen immer ernst genommen, nur waren sie uns immer so fern erschienen.

Clara lag ruhig und friedlich da, ein zaghaftes Lächeln huschte über ihr Gesicht. Mitten in der Nacht kamen Mike und Maurice. Maurice löste mich ab. Clara atmete ruhig und gleichmäßig. Mike brachte Sophie zu Bett.

Ich ging zu Anna, die vor Erschöpfung auf dem Bett eingeschlafen war. Ich legte mich zu ihr und deckte uns beide zu. Ich war ziemlich glücklich, dass es sie gab. dass sie an meiner Seite durchs Leben ging. Ich fühlte mich umgeben von Geborgenheit, eingelullt in Zufriedenheit, umhüllt von ihrer Zärtlichkeit. Mir ging so vieles durch den Kopf, während sie so friedlich in meinem Arm schlief. Ich musste an eines unserer Wochenenden am Meer denken. Clara und Sophie schliefen schon, Anna und ich gingen mit einer Flasche Wein hinunter zum Strand. Setzten uns in die Dünen und schauten aufs Meer.

Anna offenbarte mir ihre Gefühle und ich fühlte mich ihr sehr nahe. Sie sagte:

„Wenn ich so am Meer sitze und diese Ferne, diese Unendlichkeit sehe, dieses Tosen und Singen höre und die Kraft erfasse, die in ihm steckt, dann fühle ich mich ganz klein. Das Meer spielt wie ein Kind, mal sanft, dann unbeherrscht, fast brutal, und was es einmal hat, das gibt es nicht wieder her. Es lässt sich nicht erfassen, sich nicht in feste Bahnen pressen und beweist stets aufs Neue, dass die Natur frei ist, sich nichts befehlen lässt.

Blicke ich nach oben, dann sehe ich auch dort eine unbegreifliche Schönheit. Die Faszination, die vom Farbenspiel ausgeht. Die Farben spielen ihr Spiel mit uns, verändern unsere Launen, aber der Himmel, den ändern wir nicht. Himmel und Wasser, das sind zwei Freunde, zwei Verbündete. Der eine ergänzt den anderen, aber trotzdem sind sie unberechenbar und abenteuerlich.

Zusammen aber sind sie unschlagbar. So fühle ich mich auch dir verbunden. Unsere Liebe ist jeden Tag so neu, sie verändert sich in ihren Farben und doch verliert sie nichts an ihrer Intensität. Sie kam aus dem Nichts, tobte durch mein Herz und ließ sich einfach darin nieder. Und ich hieß die Liebe herzlich willkommen.“

Über diesen Erinnerungen schlief ich ein.

Als Clara zwei Tage später starb, waren wir bei ihr. Am Mittag war sie noch einmal bei Bewusstsein, und wir hofften auf ein Wunder. Aber sie nahm nur Abschied. Wir versprachen ihr, Sophie nicht alleine zu lassen. Clara, die glaubte, dass das Leben an einem Punkt beginnt, dann seine Kreise zieht und am selben Punkt wieder endet, hatte ihr Ziel erreicht. Zum zweiten Mal betrat sie den Ort, an dem sie ihre große Liebe fürs Leben fand und an diesem Ort fand ihr Weg nun sein Ende.

Clara wurde eine Woche später in Hamburg beigesetzt. Das Schreiben, das sie mir hinterlassen hatte, war die Kopie eines hinterlegten Testaments. Sie hatte mir ihr Haus vererbt, mit der Auflage, dass Sophie ein lebenslanges Wohnrecht hat und ich sie betreue. Als mir das Haus überschrieben wurde, hielt auch gleich der Fiskus seine Pranken auf.

Wie ein großer wütender Hai schnappte das Finanzamt nach mir. Da Clara und ich nicht miteinander verwandt waren, musste ich utopische Steuern zahlen. Ich war verzweifelt. Selbst mit den ganzen Rücklagen konnte ich diese Summe nicht aufbringen. Fluch und Segen lagen mal wieder dicht beieinander.

Dann sprangen Anna und Maurice ein. Anna kaufte die Hälfte des Hauses, und Maurice lieh uns eine nicht unbeträchtliche Summe.

Ich beschloss, im nächsten Leben Anwältin zu werden. Und reich.

Sophie hatte den Tod von Clara nicht verkraftet. Völlig orientierungslos und verwirrt trottete sie durchs Haus, immer auf der Suche nach Clara.

Wir brachten es nicht übers Herz, ihr gemeinsames Zimmer zu verändern. Versuchsweise hatten wir ihr ein zweites Zimmer unten eingerichtet, brachten sie oft dort zu Bett, aber morgens lag sie mit offenen Augen in ihrem gemeinsamen Zimmer. Völlig teilnahmslos streunte sie durch die Tage. Den Sonntagskuchen ließ sie unberührt.

Wir brachten sie oft zum Friedhof, manchmal zweimal am Tag. Stundenlang saß sie dort, strich über die Blumen am Grab und summte den Blues. Leise und melancholisch. Als sie damals nach ihrem Krankenhausaufenthalt brutal getrennt wurden, hatten sie beide die Einsamkeit überstanden, weil sie hofften, sich wiederzusehen.

Jetzt wusste Sophie, dass Clara nie wiederkehren würde. Wenn wir auf dem Friedhof auf der Bank vor Claras Grab saßen, erzählte ich ihr von den tanzenden kleinen weißen Wolken, die mit Clara vorüber zogen.

Wenn ich ihren sehnsüchtigen Blicken in den Himmel folgte, wusste ich, dass sie ohne Clara keine Kraft zum Leben hatte. Heute vor sechs Jahren, in der Nacht zu Claras Geburtstag im Juli starb Sophie. Kein halbes Jahr nach Clara.

Wir haben Claras und Sophies Vermächtnis angetreten. Das Vorbild ihrer innigen Liebe lebt in uns vieren weiter. Noch heute können wir sie hier im Hause spüren. Das glucksende Lachen der beiden, wenn sie wie Verschwörerinnen zusammenhockten. Wenn Sophie heimlich nachts in die Küche schlich und Wurstzipfel für Clara mopste.

Sophie hatte Mike ihr gesamtes Vermögen vermacht. Das Haus gehört uns nun allen zu gleichen Teilen. Mike, Maurice, Anna und ich besitzen je ein Viertel. Unsere Trauer machte uns in den ersten Wochen nach ihrem Tod völlig benommen. Aber Clara hätte nicht gewollt, dass wir so sehr trauern. Sie hatte uns eine Botschaft hinterlassen:

„Die Liebe ist die Kraft, die uns nach vorne treibt, der Regen und die Traurigkeit sollten nur Gäste im Leben sein.

Sonnenschein und blauer Himmel, diese beiden sind unsere Lebensbegleiter."

Ich klappte das Buch zu. Ich war am Ende meiner Aufzeichnungen angekommen. Stille stand im Raum. Fast greifbar. Mike erhob sich zu einer kleinen Ansprache.

„Das also war meine kleine Sophie. Ich könnte tausend Geschichten über ihre verrückten Streiche erzählen. So ist sie mir auch immer in Erinnerung geblieben. Clara war viel ernster, aber sie hatte einen Humor, der seinesgleichen sucht. Anna kann Euch nun erzählen, warum wir heute hier zusammengekommen sind."

Anna räusperte sich.

„Erst einmal natürlich, um die zehn gemeinsamen Jahre mit Dani zu feiern. Dann haben wir alle vier eine Entscheidung getroffen, die wir Euch nun mitteilen wollen."

Fragende Blicke ihrer Eltern trafen mich. Ich sah zu Anna. Dann zu Maurice. Er meldete sich zu Wort.

„Nun, wir haben seit einiger Zeit wieder einen Gast im Haus. Anna hat auf dem Friedhof bei ihren gemeinsamen Besuchen mit Dani Omi Stammer kennengelernt. Omi Stammer wurde aus ihrer Wohnung geklagt, weil sie sich nicht von ihrem Hund trennen wollte und Tierhaltung verboten ist. Ins Altersheim kann sie ihn auch nicht mitnehmen. Da sie kein Zuhause mehr hatte, ist sie vor drei Wochen bei uns eingezogen."

Annas Mutter sah uns kopfschüttelnd an.

„Mit Hund?"

Aus einem Mund kam von allen Seiten:

„Na klar. Mit Hund.“

Annas Vater hakte nach.

„Wo ist sie jetzt?“

„Oh.“

Maurice und Mike wollten sich ausschütten vor Lachen. Auch ich konnte nicht mehr an mich halten. Prustend platzte Anna heraus.

„Bei ihrer Freundin.“

Es wurde noch ein lustiger und zugleich besinnlicher Abend. Ich musste noch von unserer neuen Mitbewohnerin erzählen. Omi Stammer hat auch nur Unfug im Sinn, und wir haben alle zusammen eine Menge Spaß. Ihr Hund ist noch sehr jung und bringt immer alles durcheinander.

Am nächsten Tag fuhren alle nach Hause und langsam kehrte wieder Ruhe bei uns ein.

Anna und ich hatten das Bedürfnis, zum Friedhof zu fahren und Clara und Sophie von Omi Stammer zu erzählen. Maurice und Mike würden gleich nachkommen, weil sie noch Blumen holen wollten.

So schlenderten Anna und ich engumschlungen durch die endlose Grünanlage des Friedhofs, der größer als der Stadtpark ist. Es gibt sogar Straßen und Bushaltestellen. Aber trotz allem ist es ein Ort der Besinnung.

Anna hat mir heute Nacht erzählt, dass sie glaubt, dass wir, zusammen mit Mike und Maurice, gemeinsam alt werden würden. Ich glaube das auch. Mit Anna habe ich den Mittelpunkt meines Lebens gefunden. Alles, was ich tue und entscheide, entscheide ich um Anna herum

Anna erzählte mir, dass sie wusste, dass ich Omi Stammer mit nach Hause bringen würde, nachdem ich sie zum ersten Mal gesehen hatte. Auch Anna erinnert sie an Clara.

Als wir auf das Grab zugingen, blieb Anna stehen und zog mich beiseite. Stellte sich hinter mich, nahm mich in den Arm und so standen wir lange da, Wange an Wange. Sahen nach oben, wo kleine Wolken durch das Blau dahin zogen. Sahen ihnen hinterher, wie sie in weiter Ferne verschwanden. Wir hörten Maurice und Mike kommen. Ich löste mich aus Annas Armen. Zu viert schmückten wir das Grab.

Als wir später gemeinsam auf der Bank saßen, holte Mike seine Mundharmonika hervor, und wir lehnten uns zurück, schauten alle vier den Wolken nach, wie sie vorüber zogen und sangen für Clara und Sophie den „Blues in rosé".

Frauenliebe:

Die lesbischen Strandschmöker:
Sterne über Malibu, Sharons dream + Lust der Nacht
3er Sonderband
Buch-ISBN: 978-3-929925-10-4
© 2013 E-Book-ISBN: 978-3-929925-29-6

Sterne über Malibu
Erstauflage 1992
Buch-ISBN: 978-3-929925-00-5
© 2013 E-Book-ISBN: 978-3-929925-27-2

Julia starrte auf die Zettel in ihrer Hand. Diese Tränen galten ihr, ihr allein. Tränen einer Frau an eine Frau. Sie war wie vor den Kopf geschlagen. Das konnte doch nicht wahr sein! Hatte sie einer Frau Hoffnungen gemacht? Sharon war jung, zehn Jahre jünger. Sicher nur eine Schwärmerei. Noch nie hatte sie selbst daran gedacht. Sie war doch „normal"! Und doch musste sich Julia eingestehen, dass sie nicht nur an Freundschaft dachte, wenn sie Sharon sah…

Sharons dream
Fortsetzung von "Sterne über Malibu"
Erstauflage: 1994
Buch-ISBN: 978-3-929925-03-6
© 2013 E-Book-ISBN: 978-3-929925-32-6

Trotz der vielen Menschen auf dem Flughafen fanden sich ihre Lippen zu einem sehnsüchtigen Kuss und während sie sich an den Händen hielten, konnten sie ihre Liebe spüren: die Rosenknospe, den Ring, die Muschel, Malibu. Julia und Sharons spürten, dass ihre Gefühle nicht mit dem Urlaubsende verflogen waren, dass die Gefühle ausreichen würden für einen Weg nach vorn. Einen Weg, den sie gemeinsam gehen könnten…

Lust der Nacht
Erstauflage 1993
Buch-ISBN: 978-3-929925-01-2
© 2013 E-Book-ISBN: 978-3-929925-16-6

Es begann als Flirt, ein kleines Vergnügen, ein Ausbruch aus dem Alltag. Eben eine kleine Affäre am Rande. Als die beiden Frauen sich das erste Mal sahen, dort an der Bar, konnte Sanni die Neugier in den Augen von Chris sehen, aber sie ignorierte sie, als ahnte sie bereits, dass sie sich in diesen strahlend blauen Augen verlieren könnte. Sanni hatte ihr Leben geordnet und in ruhige Bahnen gelenkt, bis sie Chris traf. Denn wann immer sie sich begegneten, lag diese Spannung in der Luft. Sie sprachen nie von Morgen, nie von Zukunft. sie wollten beide nur die Lust der Nacht.

Clara - Blues in rosé
soll verfilmt werden
Erstauflage 1994
Buch-ISBN: 978-3-929925-04-3
© 2013 E-Book-ISBN: 978-3-929925-28-9

Beim Entrümpeln des Messiehauses stolpert Dani immer wieder über Spuren der Vergangenheit. Sie findet Fotos von Sophie, der großen Liebe der alten Dame. Und sie macht sich auf die Suche nach Sophie. Unterstützung findet sie bei ihrem besten Freund Mike, der die alte und verwirrte Clara Bernstorff in sein Herz geschlossen hat. Sie finden sie schließlich in einem Heim, wohin man sie abgeschoben hat, um schneller ans Erbe zu kommen. Als Dani Anna kennenlernt, wird auch ihr eigenes Leben gehörig durcheinander gewirbelt. Zusammen kämpfen sie für die Liebe der beiden Frauen und ziehen vor Gericht.

Sie sucht Sie - Dienstleistung im Zeichen der Lust

Zanne van den Geest
Erstauflage 2014
Buch-ISBN: 978-3-929925-18-0
© 2014 E-Book-ISBN: 978-3-929925-45-6

Sie sucht Sie - Frauen, die für Liebesdienste bezahlen. Diskrete, lustvolle und genussvolle Stunden. Liebe und Leidenschaft auf Zeit. Tauchen Sie ein in die Welt der Erotik. Mit einer Anzeige fing alles an. Zu meinem Erstaunen meldeten sich Frauen, die nur ab und an lustvolle Stunden erleben wollten. Diskret und ohne etwas von sich preis zu geben. Und sie waren bereit dafür zu bezahlen, boten es von sich aus an. Um den Abstand zu wahren? Um sich eine reine Dienstleistung zu erkaufen. Nehmen ohne geben zu müssen? Ob das funktionieren würde? Meine Neugier war groß.

Und ich ließ mich ein auf das Abenteuer. Ließ mich lustvoll in das Land der käuflichen Liebe fallen. Genoss die Frauen, die mich kauften. Und meine Dienstleistungen erweitere ich um alle Dienstleistungen, an denen ich und meine Kundinnen Gefallen fanden.

Tu es in Liebe! Schlag mich, wenn du mich liebst!

Zanne van den Geest
Erstauflage 2011
Buch-ISBN: 978-3-929925-17-3
© 2013 E-Book-ISBN: 978-3-929925-31-9

Die Liebe begegnet dir meist unverhofft. Wie schnell vergisst du die frustrierenden Dates. Von Erfahrungen in Parship und Konsorten ganz abgesehen. Dieser Roman erzählt von der großen Lust auf Leben, Liebe und Leidenschaft. Erotischer SM-Lesbenroman.

Sachbücher / Ratgeber:

Die Suche nach der verfluchten Mitte

Erstauflage 2009
Buch-ISBN: 978-3-929925-19-7
© 2013 E-Book-ISBN: 978-3-929925-34-0

Warum sind die, die so arm scheinen, doch gleichzeitig oft so reich? Wo kommt sie her, die Freude, die Erfüllung bringt? Wenn der Weg das Ziel ist und das Ziel die eigene Mitte, warum ist sie dann so schwer zu finden? Oder ist es gar nicht schwer? Gehen Sie mit auf Entdeckungsreise und Sie werden ihn finden. Den Weg zum Glück. Zur eigenen Mitte.

Seele in Not - Depressionen - Bipolar 2

Zanne van den Geest
Erstauflage 2010
Buch-ISBN: 978-3-929925-24-1
© 2013 E-Book-ISBN: 978-3-929925-33-3

In diesem Buch begleiten Sie Michael, werden viel über die Krankheit, die Auslöser erfahren, aber auch lernen, diese besser zu verstehen. Michael lebt heute wieder ein selbstbestimmtes und glückliches Leben. Hat sich befreien können aus dieser Dunkelheit, die ihn umklammert hatte. Im Durchschnitt dauert es zehn Jahre bis zur Diagnose Bipolar 2 Störung. Zehn lange Jahre, in denen man von Diagnosen Depression, Schizophrenie und vielen anderen hin und her taumelt. Verzweifelt, ratlos. Patient, wie Angehörige. Dieses Buch wird Ihnen viele Antworten geben, aber auch Hilfestellungen.

Leben in der Unterschicht - 25 Reportagen

Erstauflage 2007
Buch-ISBN: 978-3-929925-15-9
© 2013 E-Book-ISBN: 978-3-929925-36-4

Für dieses Buchprojekt tauchte ich ab und unter. Ich arbeitete in ganz verschiedenen Firmen. Zu den „erstaunlichsten" Arbeitsbedingungen. Bekam Arbeitsverträge, die das Papier nicht wert sind, auf denen sie geschrieben stehen. Ich wusste, dass ich ein Mienenfeld betrete. Mir war auch klar, dass es Missbrauch in jeglicher Form gibt. Der Arbeitsmarkt als Tatort.

Schuldencrashkurs - Weg mit den Schulden

Erstauflage 2007
Buch-ISBN: 978-3-929925-14-2
© 2013 E-Book-ISBN: 978-3-929925-35-7

Da ich in meiner beruflichen Praxis immer wieder die gleichen Muster der Schuldenfalle vorfinde, möchte ich Ihnen mit diesem Ratgeber helfen, sich aus diesem Sumpf wieder heraus zu kämpfen und die Fallen zu erkennen. Wunder können Sie nicht erwarten. Der Weg hinaus ist mühsamer, als der Weg hinein. Hinein haben Sie viele Begleiter und Helfershelfer, hinaus müssen Sie den Weg meist alleine erkämpfen. Dieser Ratgeber wird Ihnen helfen, viele nützliche Infos zu bekommen, Ihre Situation objektiv und kritisch zu beleuchten. Der Schuldencrashkurs wird Sie unterstützen, Schritt für Schritt wieder einen Weg zu finden, Übersicht zu bekommen und Ihr Leben wieder selbst in die Hand zu nehmen. Ob Sie nun private oder geschäftliche Schulden haben, spielt dabei keine Rolle.

Reisereportagen:
New York - feel the spirit - step by step:

Erstauflage 2009
Buch-ISBN: 978-3-929925-20-3
© 2013 E-Book-ISBN: 978-3-929925-37-1

Sonderband in Farbe:
Buch-ISBN: 978-3-929925-21-0
© 2013 E-Book-ISBN: 978-3-929925-38-8

Aneinandergereiht hat New York mehr als zehntausend Kilometer Straße. Wo, so frage ich mich, ist da der Anfang, wo das Ende? Wie sieht es aus? Das New York der Touristen? Das New Yorker der New Yorker? Ben, der Schuhputzer, Ayodele, der CD-Verkäufer, Mrs. Melly, die auf der Suche nach Ehemann Nummer sechs ist. Sie alle haben ihr Glück in New York gesucht. Haben sie es auch gefunden? Gehen Sie zusammen mit mir auf Entdeckungsreise. Von Harlem im Norden bis nach South Ferry im Süden. Nach Brighton Beach in Brooklyn. Zum Graffitihaus nach Long Island City.

Wenn der Weg das Ziel ist,
wohin geht die Reise dann?

Erstauflage 2005
Buch-ISBN: 978-3-929925-13-5
© 2013 E-Book-ISBN: 978-3-929925-39-5

Dreitausendsiebenhundertsiebenundfünfzig Kilometer reisen! Einmal ganz herum. 4.258 Kilometer Abenteuer pur, 360° Deutschland, mit dem Motorrad immer dicht an der Grenze entlang. Und so startete ich am 1. Mai in Hamburg, fuhr los in Richtung Südwest, immer dicht an der Grenze entlang. Wie weit würde ich mit fünfhundert Euro kommen?

Romane / Thriller:

Lena au Chômage - das getauschte Leben

Erstauflage 2014
Buch-ISBN: 978-3-929925-12-8
© 2013 E-Book-ISBN: 978-3-929925-44-9

Ausgemustert, abgeschoben, arbeitslos. Lena au Chômage blickt zurück auf ein abenteuerliches Leben. Schonungsglos und einfühlsam erzählt sie, warum sie in einer Sekunde entschied, ihr Leben gegen das einer anderen Person zu tauschen. "Kündigung", nach alle den Jahren harter Arbeit für die Firma, die ihr Leben war. Mit vierzig zu alt für den Arbeitsmarkt. Jung genug für einen Neustart?

Lena au Chômage nimmt den Kampf auf. Den Kampf gegen die Arbeitslosigkeit, die drohende Armut, das Rutschen ins soziale Abseits. Und doch steht sie eines Tages mit dem Rücken zur Wand, den Koffer in der Hand. Sie steht vor der Entscheidung ihres Lebens. Und sie trifft eine Wahl, die Wahl für die zweite Chance. Sie stiehlt sich eine fremde Identität.

Seelenmörder - Der Tod eines Kinderschänders

Erstauflage 2014
Buch-ISBN: 978-3-929925-26-5
© 2013 E-Book-ISBN: 978-3-929925-43-2

Ein Thriller über Selbstjustiz. Sarah hat Indizien dafür gefunden, dass sie mit dem Mörder ihres Neffen unter einem Dach lebt. Niemand glaubt ihr. Zu geschickt agiert ihr Lebensgefährte. Das Leben ihres Sohnes ist in spürbarer Gefahr. Und Sarah handelt.

Serie Lebenslinien:

Buddha auf Sylt

Erstauflage 2014
Buch-ISBN: 978-3-929925-41-8
© 2013 E-Book-ISBN: 978-3-929925-42-5

Alte Spuren wieder aufnehmen. Neue Wege beschreiten. Dicht am Herzen. Balsam für die Seele. Einkehren. Sich innerlich sammeln. Aufbrechen, sich neu entdecken. Sich spüren im Hier und Jetzt. Das Wahrnehmen im Augenblick. Die Achtsamkeit des eigenen Handelns als Wegbereiter. Die Seele baumeln lassen. Begegnen Sie Buddha auf Sylt.

Farbbildband mit lyrischen Texten:

Bäume - Freunde fürs Leben

Erstauflage 1993 / Lyrischer Fotobildband
Fotos: Lothar Knelles / Texte: Sylvia Knelles
Buch-ISBN: 978-3-929925-02-9
© 2013 E-Book-ISBN: 978-3-929925-42-5

Der Wind zieht durch die Baumreihen,
gleichmäßig, und doch
hört jeder etwas anderes

Wenn sich die Blätter am Abend schließen,
nimm etwas mit aus diesem Tag,
und mit großer Neugier
träume dich in den neuen Morgen.

Verlag:

www.verlag-mysterious-women.de
Kontakt: red@mysterious-women.com

Autorin Sylvia Knelles:

Homepage: www.sylvia-knelles.de
Kontakt: sylvia.knelles@hamburg.de
Facebook: www.facebook.com/AutorinSylviaKnelles

Autorin Zanne van den Geest:

Homepage: www.zanne-van-den-geest.de
Kontakt: zannevandengeest@googlemail.com

Termine für Lesben in Hamburg:

www.mysterious-women.de

Facebook:

www.facebook.com/AutorinSylviaKnelles

Die Homepage zum Filmprojekt:

www.clara-und-sophie.de

9 783929 925043